紫《むらさき》式《しき》部《ぶ》ごはんで若返る

平安時代の食事は健康長寿食

食文化史研究家
日本人の長寿食研究家

永山久夫

鼎談 VS.

早稲田大学

矢澤一良　高見澤菜穂子

現代書林

まえがき――頭脳力を高めて長生きしていた美女たち

美しい重ね着の裾をひるがえしながら、女性たちが広い回廊を華やかに行き交っています。カラフルな十二単《じゅうにひとえ》の女性たち。重ねて着込んでいるから、とっても重い。中には息切れしている女性も。

みんなやや前のめりになって進んでいる。だからといって、休憩するわけにもいきません。男たちの目もあるから、見苦しい歩き方もできません。

無理して歩くから、足や腰に筋肉がついてきます。毎日が〝十二単筋肉トレーニング〟みたいなもの。カロリー消耗もはげしい。

だから、いつも空腹なのです。

ところが、官女たちの食事は、朝と夕方の一日二回食。とても、体がもちません。「おやつ」が待ち遠しい。

このおやつがワンダフルで、現代でも超人気になりそう。「唐菓子《とうがし》」と呼ばれる揚げ菓子。

人工知能時代に役立ちそうな〝ブレーンケーキ（頭脳ケーキ）〟としても通用するでしょう。

米や小麦の粉、きな粉、そば粉などを練って、それぞれ面白い形にし、油で揚げたり、場合によっては蒸したりして作ります。ドーナツやかりんとうに近いかもしれません。甘味もついており、さくさくとして美味。白湯やしょうが湯などを飲みながら、ニコニコ顔で食べていたようです。

平安時代は、他の時代には見られない創作能力に卓越した女流作家や随筆家、詩人、世界的な美女たちが多数デビューしています。

唐菓子の主成分は炭水化物で糖質であり、女流表現者たちの〝創作脳〟の卓越したエネルギー源として役に立っていました。脳が活発に機能するためには、炭水化物が欠かせないのです。

「能力」は「脳力」であり、アウトプットを滞りなく進行させるためのパワー源として、おやつの唐菓子は重要でした。

多才で美しい平安の女性たちは、炭水化物をしっかりとっています。山盛りのごはんを平らげ、おやつにも小麦粉などの粉で作った唐菓子をしっかり食べていました。

現代人とは全く逆の食生活。

紫式部ごはん

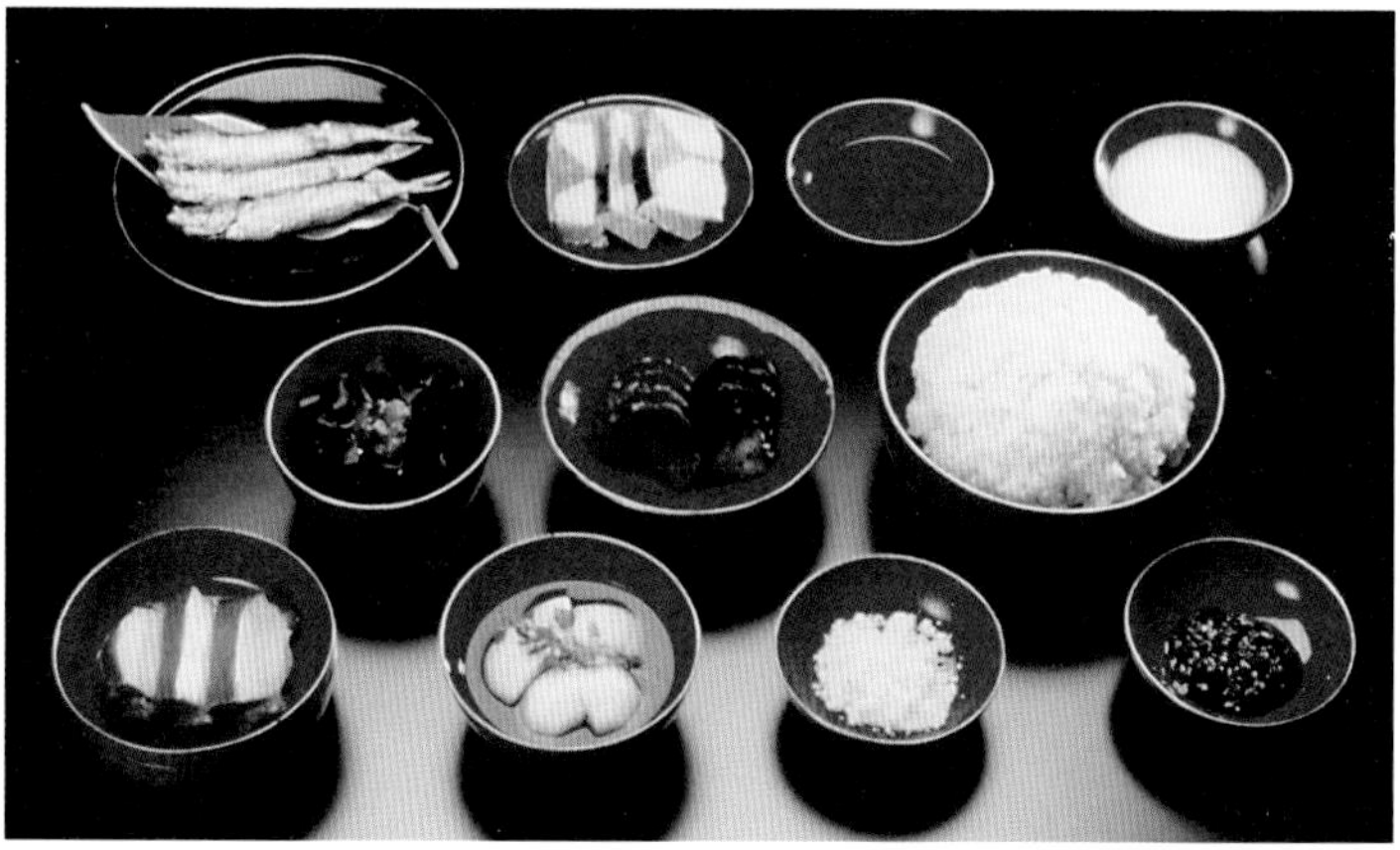

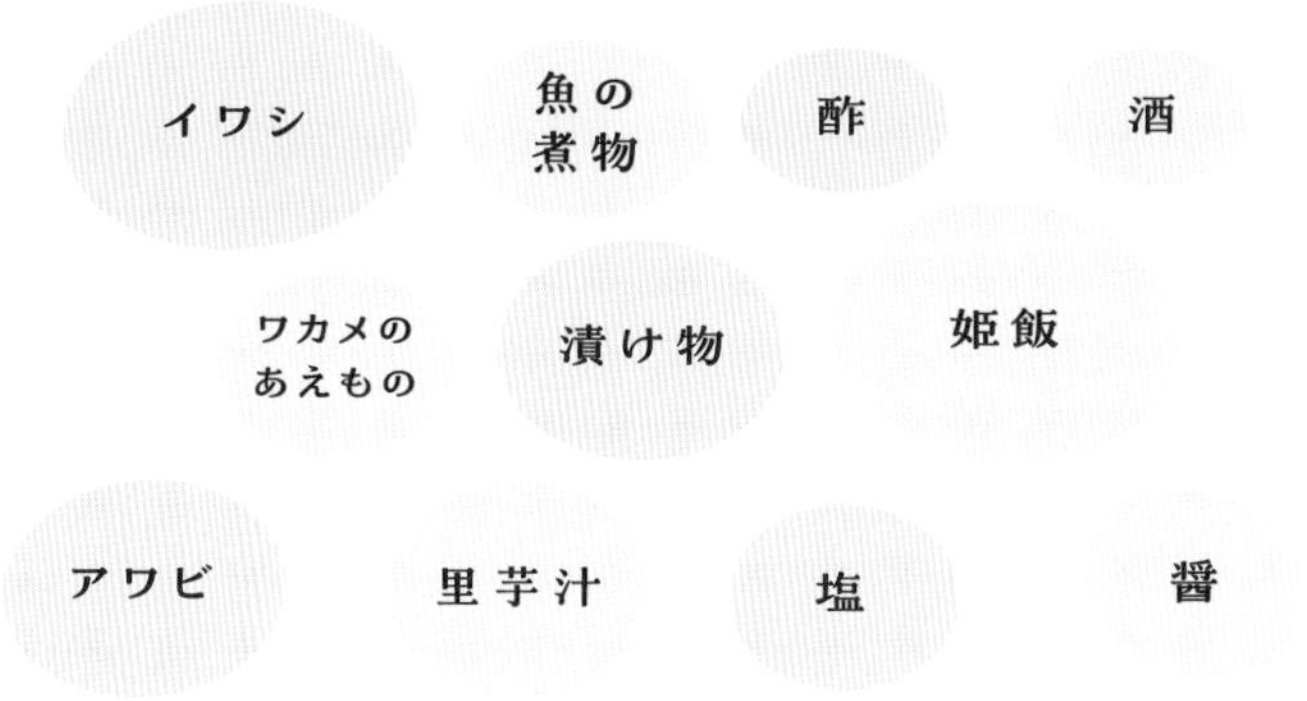
イワシ
魚の煮物
酢
酒
ワカメのあえもの
漬け物
姫飯
アワビ
里芋汁
塩
醤

現代は炭水化物ダイエットがもてはやされていますが、平安時代の女性たちは、穀物の炭水化物をしっかり食べて脳の機能を向上させ、小説や詩の面白い筋書きを練り上げていたのです。

脳細胞に炭水化物に含まれているブドウ糖が行き渡らないと、イライラを引き起こすだけではなく、創作能力が低下することを知っていたのだと思います。

彼女たちの食膳には、ゴマやカツオ節の加工食品がよくのっていることも注目です。どちらもビタミンB_1が多く、炭水化物の利用効率をアップしているのです。脳の能率を上げるためには、糖質とビタミンB_1はベストな相性なのです。

本文中の王朝女性の食生活は、現代をアクティブに活躍する上で欠かせない、脳と長寿に大きく役に立つでしょう。

なお、最後の章で、早稲田大学ナノ・ライフ創新研究機構ヘルスフード科学部門の矢澤一良氏、高見澤菜穂子氏のお二人と、「紫式部ごはん」の栄養面などをめぐり、温故知新の知恵を現代に応用しようと語り合うことができました。この場をお借りし、御礼申し上げます。

また、私自身が描いたイラストを多く添え、読みやすく、お役に立つよう構成しました。

紫式部ごはんで若返る◆目次

第一章

紫式部ごはんは平安時代の天才食

第二章

紫式部ごはんは平安時代の健康食・美容食

ニンニク

第三章　小野小町の金を惜しまぬ美容食

第四章　清少納言は自然派グルメで長生き

第五章　和泉式部は味噌を食べながら激しい恋をした

第六章　在原業平《ありわらのなりひら》と共寝に焦《こが》れる老女は枸杞《くこ》を食う

うまいな

うまいーッ

第九章

「紫式部ごはん」は、私たちに何を教えてくれている？

鼎談　永山久夫　矢澤一良　高見澤菜穂子

第一章

紫式部ごはんは平安時代の天才食

イワシの
大好きな
紫式部は
イワシの
健康効果を
誰よりもよく
知っていました。

その一

紫式部の天才脳を支えるイワシ

●紫式部は、イワシが大好物だった

卓越した才能の持ち主は、食物を選ぶようです。ある種の食材には、才能をのばす効果があると、本能的に見抜いているのかもしれません。

『源氏物語』の作者として世界的に有名な紫式部は、イワシが大好物でした。イワシの丸干しを、こんがりと焼き、頭から食べるのです。

ところが、平安時代の貴族たちは、イワシは「いやし（賤し）」に通ずるといって、焼いている現場に出会ったりすると、着衣の袖で鼻をおさえ、悲鳴を上げて走り去って行くのです。

「イワシの頭は、鴨の味」ということわざがありますが、ほどよく焼けたイワシの頭部は、確かに美味。脂が一番のっているのが頭部で、淡塩で干したものを焼いて食べると、さくさくとしていて、実にうまいのです。

美味な上に、イワシの脂質には記憶力や創作能力をパワーアップする上で効果のある必須脂肪酸のDHA（ドコサヘキサエン酸）と、血液のめぐりをよくするサラサラ成分のEPA（エイコサペンタエン酸）がたっぷりなのです。

大まかにいうと、DHAは脳の回転をよくし、目、髪などを老化から守り、EPAは血行をよくして、血管とお肌の若返りに働く成分と覚えておくとよいでしょう。

AI（人工知能）時代に直面している現代人にとっても、DHAとEPAは重要な成分であることに変わりはありません。

イワシの丸焼きは、紫式部にとっては大作を仕上げる上で欠かすことのできない「ブレーンフード（頭脳食）」だったのです。

●イワシのサラサラ効果で、仕事の能率アップに成功

平安時代、この丸干しイワシが京の都にも税金の一種として、大量に納入されていました。当時の法令集である『延喜式《えんぎしき》』を見ると、現在の岡山県や広島県、香川県など多くの地域から貢納されています。

他の貢納品と同じように、イワシは貴族や高級役人、女官たちのメニューにのる食材ですが、焼いたり、煮たりする時に出る生臭いにおいで嫌われる場合が多く、敬遠されていました。

庶民のマーケットである市場には、大量のイワシが出品され、山盛りで売られていましたが、その中には貴族たちの台所からの横流しがたくさんあったのはいうまでもありません。

確かに、イワシは管理が悪いと、酸化が進んだり、腐敗したりして、悪臭が出やすい青魚。サバやサンマなども同じです。保管のよいイワシは、それこそ「イワシの頭は鴨の味」になるわけで、極上の美食であり、ブレーンフードとなるわけです。

イワシに多いカルシウムは、骨を丈夫にするだけではなく、イライラを防いで集中力を

高める「食べるトランキライザー（精神安定剤）」とも呼ばれています。

イワシは、紫式部が長編小説を書く集中力を高めるためにも、大切な役割を果たしていたのです。

仕事や執筆のために長時間、デスクに向かって坐り続けているとエコノミー症候群の危険が生じます。血行が不良となって血栓が発生しやすくなり、肺や心臓に病気が出やすくなります。イワシのサラサラ効果の高いＥＰＡ。坐ったり、立ったりする時に重要な足や腰の骨を元気にするのが、豊富に含まれているカルシウム。骨を丈夫にするためには、ビタミンＤも必要ですが、ビタミンＤには、免疫力を強くする効果もあり、抗生物質などのない時代などでは、病気を追い払う上でも重要です。

●夫の宣孝《のぶたか》はイワシが大嫌い

イワシが大好物の紫式部は、平安時代中期の女性で、幼少期に母と死別し、学者だった父・為時のたくさんある蔵書を読んで過ごしています。

すでに子供のころから物語作家としての才能の土台を形成していたようです。

紫式部は聡明で、父は男の子だったら思いのままに出世できただろうに、と嘆息したと伝えられています。

成人して藤原宣孝《のぶたか》と結婚し、娘をもうけます。紫式部は子供のころに焼いたイワシを食べ、その美味な味わいにとらわれ、すっかり好きになっていました。

ところが夫の宣孝は大嫌いであり、うっかり焼いたりしたら夫婦喧嘩に発展しかねません。当時、貴族社会ではイワシを焼いた時に出る下品な臭いが嫌われ、よほど好きな者でない限り、食べることはなかったのです。

紫式部はいつか食べたいと思い、イワシの丸干しを台所の棚の奥に隠して、上手に保存しておきました。

ある日、夫が外出しました。

チャンスとばかりに、脂ののった丸干しのイワシを焼いて、その味を心ゆくまで堪能していました。

ところが、ほどなく帰宅した夫に、家中にこもっていた魚の臭気で、たちまち露見。「かようにいやしいものを口にするとは何事か」と、たしなめる夫に、紫式部は少しも恐れることなく、得意の歌で反撃に出ます。

日の本にはやらせ給う石清水
まいらぬ人はあらじとぞ思ふ

「日本中から尊敬されている石清水八幡宮を参拝しない人などおりませんわよ」という意味。つまり、「石清水」に「イワシ」をかけて「日本中に流行している、うまいイワシを食べない人などいませんわよ」とやり返したのです。

彼女の当意即妙ぶりには、さすがの亭主殿もすっかり、兜を脱いで引き下がってしまいました。以上は『倭訓栞《わくんのしおり》』（谷川士清著）という江戸時代の書物に出ているエピソードです。

しかし、結婚生活は長く続かず、三年ほどで夫に先立たれてしまいます。未亡人となった紫式部は、父の邸宅で生活するようになり、『源氏物語』を書き始めます。

それを読んだ父をはじめ、多くの人たちは、展開の面白さに驚き、続きを早く書いてほしいとせがむほどだったと伝えられています。

紫式部は、優れた才能に恵まれ、精神的にも強い女性だったのではないでしょうか。

溢れるばかりの創作力と、深い洞察力、それに卓越した記憶力がなければ『源氏物語』に登場する光源氏をはじめとする数十人を筆一本で、思うがままに行動させることなど難しかったでしょう。

『源氏物語』は、帝の御子として生まれながら、臣籍にくだった美しい光源氏が主人公で、その華やかな生活と恋の遍歴が中心となって繰り広げられる五十四帖（巻）もの長編物語です。

●高級スープの甘い「芋粥」に思わずニッコリ

『源氏物語』の中で、紫式部は光源氏を、女性にとっての理想の男性として描写。光源氏は、数多くの美女たちと、次々と情を交わしては浮名を流していきます。少々疲労がたまっていても、次の女性と恋をしてしまうのです。

この長編物語には、王朝社会の貴族たちの生活ぶりや、恋する男女の心情が繊細に描写されており、貴族たちの中にもファンが増えてきました。有名になった紫式部は、請われて宮仕えに出るようになり、一部屋を与えられて、仕事のかたわら『源氏物語』を書き続けました。

平安貴族や宮仕えの女性たちの食事回数は、「朝餉《あさげ》、夕餉《ゆうげ》」の一日二回食が基本で、朝食は午前一〇時ころであり、夕食は午後四時前後。しかし、労働量の多い下級官人や庶民

頭を
使うから
美女も才女も
どんどん
大食い。
だから
楽しくて楽しくて。
な

などは、これでは体がもたないので、間食をとっています。

貴族たちも、空腹を感じるような時には、クルミなどのナッツ類、菓子、餅などを食べています。甘味のついた菓子類は、特に女官たちに人気がありました。

貴族たちの朝食は、「姫飯《ひめいひ》」（やわらかく炊いた米飯）が中心ですが、粥の場合も多く、京都や奈良には、今でも朝粥の習慣が残っています。主食の姫飯や粥には、醤《ひしお》や酢、塩などの調味料がついており、自由に味をつけて食べます。

「醤《ひしお》」は大豆を主原料とした発酵食品で味噌や醤油のルーツ。アミノ酸が豊富で、かすかな甘みがあり、姫飯やお粥によくあいました。

宮仕えの若い女性たちに好まれていたのが「芋粥」という甘い粥。粥といっても、米は使わずに、山芋だけで作られた粥です。王朝サロンの人気ドリンクであり、紫式部や清少納言なども芋粥を楽しんでいたことでしょう。

野山に自生する山芋の皮をむいて、薄く切り、味煎《みせん》(甘葛《あまずら》と呼ばれるツタの樹液をとって煮詰めた甘味料で、甘味が強く平安時代によく用いられており、現在で言ったら砂糖水のようなもの)を沸かして入れ、煮込んで作ります。色は違いますが、現代の甘い汁粉のようなもの。

平安時代は、高位の貴族しか味わうことのできないスタミナ強化にも役立つ、高価なスープでした。

『和名抄』には「薯蕷粥《しょゆかゆ》」と記して「いもかゆ」とあり、鎌倉時代後期の『厨事類記《ちゅうじるいき》』に、「薯蕷粥ハ、ヨキイモヲ皮ムキテ、ウスクヘギ切リテ、ミセンヲワカシテ、イモヲイルベシ。イタクニルベカラズ」と作り方があります。

「イタクニルベカラズ」は、煮過ぎてはいけない、とろ火でゆっくりと煮るという意味。甘味の強いお粥状のスープといってよいでしょう。

●姫飯と鳥肉入りのワカメ汁

紫式部の主食は、姫飯（普通に炊いた米飯）で、時々、お粥になる時があります。

いずれの場合でも、主食には醤、酢、塩、酒の四種類の卓上調味料がつき、自分の好みの味にととのえて食べます。「酒」のかわりに「色利」を用いる場合もあります。色利には二種類あります。ひとつは、煮干しにしたカツオの煮出し汁で、イノシン酸やグルタミン酸など旨味成分の多い調味液。もうひとつは、大豆の煮汁を濃縮したもので、アミノ酸の多い甘味の強い調味料です。

さらに「羹《あつもの》」と「香の物（漬け物）」、それから副食として、根菜の煮物や煮魚などがつきますが、紫式部の場合だと、ご存知のように、こんがりと焼いた丸干しイワシが多かったのはいうまでもありません。

「羹」は熱汁のことで、『源氏物語』や平安時代の他の物語集にもよく用いられていますが、後世の味噌汁とみてよいでしょう。

羹には、野菜が入りますが、鳥や魚の肉を加える場合もあり、肉入り羹だと、美味な上に栄養効果が高く、冬などには体が温まるために、喜ばれました。

ご飯と羹は、交互に、心静かにいただくのが貴族社会の習わし。ところが清少納言の『枕草子』に出てくる職人の大工は、食事時になって、山盛りの米飯といっしょに出された「汁物」を、わしづかみにすると、ひと口で平らげてしまったとあります。

ここでの汁物こそ、「羹」のことです。

単に「汁」と呼ぶ場合もあり、いろいろな名前で呼ばれていたということは、羹、つまり熱汁が、世の中にかなり普及していたことを示しています。

羹に用いられる野菜類は大根や蕪菁《かぶら》、葱《ねぎ》、里芋、山菜、きのこ、海藻などで、調味料は味醤ですから、現在の味噌汁とほとんど同じと考えてよいでしょう。

紫式部など平安時代の女性たちに、特に好まれたのが「ワカメ汁」。ワカメの古名が「にぎめ」で、若くてやわらかいものが「和布《わかめ》」です。

ワカメには、「若返り効果」があるところから、この呼び名になったという伝承もあります。

『源氏物語』に「曳干《ひきほし》」という言葉がありますが、引き干しにして日光にさらした海藻のこと。中でも人気のあったのが、やわらかくて食べやすいワカメ。

紫式部のように宮中で坐りきりで仕事をする才女たちの悩みは、通じがとどこおりやすいことと、イライラが発生しやすいこと。便秘は、肌荒れや白髪の原因になりかねませんから、気になります。

便秘の最大の原因は食物繊維の不足であり、イライラはカルシウム欠乏が大きな背景。その両者とも、ワカメには豊富に含まれています。

カロテンも多く、体内の老化促進物質である活性酸素を除去する力が強力ですから、紫式部たちの若さを保ち、仕事の能率を上げる上でも役に立っていたはずです。

ワカメには旨味成分の原料となるグルタミン酸も多く、さらに、幸せホルモンのセロトニンの原料となるトリプトファンも含まれており、ワカメ汁をとることによって、宮中生活を楽しく過ごすことができました。

ワカメには、ヨウ素も含まれており、髪の毛を太くし、長くのばし、黒々と艶やかな美髪を保つためにも欠かせません。頭髪の成長には、タンパク質やミネラルも必要ですが、それらをたっぷり含んでいる大豆発酵食品の味噌がワカメ汁には調味料として用いられています。

このように見てきますと、平安時代の「ワカメ汁」は、理想的な「養毛スープ」といってよいでしょう。

その二 他にもある紫式部の頭脳食

●もうひとつのブレーンフード（頭脳食）があった

紫式部は、子供のころから驚くほどの暗誦能力を身につけていたようです。彼女は弟の惟規《のぶのり》が、父から漢文学を学ぶかたわらに同席させてもらっていましたが、弟は覚えが悪く、集中力も持続するのがつらそうです。

彼女の方は、どのように難しい漢籍でも、スラスラと暗誦してしまうので、父は紫式部が男だったらよかったのにと嘆いていたと伝えられています。

紫式部は、成長するに従って、漢籍から物語類、仏書、歌集、歴史書と幅広い基礎知識を身につけていきます。

彼女の学習能力の高さは生来のものですが、加えて、ふだんの食生活が、脳の活性化に役立っていました。

そのひとつが、前にも説明しましたが、好物の丸干しのイワシ。これをこんがりと焼いて、頭から食べるのが好きだったのです。

イワシには物覚えや創作能力をアップさせる上で欠かせない必須脂肪酸のＤＨＡ（ドコサヘキサエン酸）が多く、全身の血液のめぐりを向上させる同じく必須脂肪酸のＥＰＡ（エイコサペンタエン酸）も、ふんだんに含まれています。イワシは、紫式部のブレーンフード（頭脳食）だったのです。

彼女の頭脳食は、もうひとつありました。

大豆です。これを煮豆や「末女豆岐《まめつき》」にして食べています。現在の「きな粉」のことで、ご飯にかけたり、お菓子の材料にして楽しんでいます。

スーパー情報化時代といわれる現代でも、時代の成功者となるためのブレーンフードとして、注目されているのがこの大豆。大豆には、長寿にも作用する栄養成分が豊富に含まれています。

いくつになっても、若々しくて、しなやかな発想力や記憶力などを維持する方法として、このところ脚光を浴びているのがブレーンフードなのです。

●煮豆ときな粉には、頭脳力向上効果のレシチンがたっぷり

頭の機能を向上させる上で効果的な栄養成分が、だんだんわかってきました。そのひとつが、コリンという成分。大豆に多いレシチンに含まれている健脳成分で、大豆を食べると、レシチンは体内でコリンに分解され、記憶や創作能力と関係の深い、神経伝達物質の「アセチルコリン」が合成されます。

アセチルコリンが不足すると、脳の働きもうまくいかなくなり、脳の老化が進んで、物覚えも悪くなります。紫式部のような作家にとって、コリンがいかに大切かが理解できます。

コリンと並んで、大切な健脳成分が、ビタミンB群の仲間「葉酸」で、これも大豆には豊富に含まれています。血液中の葉酸値が低い人の場合、急激に入ってくる新しい情報を記憶してインプットしておくことが難しいといわれ、この成分も作家にとっては欠かせません。

葉酸は、記憶力を一生にわたって、健全に機能させるために、コリンと共に摂取したい重要な栄養素なのです。

作家というのは、脳にストックした情報や資料などを参考にしながら、ストーリーを組み立てていくわけで、言ってみれば、インプットしたさまざまな情報をアウトプットしながら書き進めていく仕事です。

したがって、紫式部のような作家は、何よりも記憶力が、非常に卓越しています。それを支えていたのが、イワシのＤＨＡやＥＰＡ、それに大豆のコリンや葉酸、タンパク質などでした。

これらの食物を日常的にとることによって、創作能力をフルに発揮し、継続することが可能になったのではないでしょうか。脳が必要とする栄養成分を上手に摂ることによって、才能がさらに向上したのです。当時の大豆製品には、煮豆やいり豆、きな粉などがありました。

●梅干しの驚くべき長寿作用

貴族たちの間では、梅干しもよく用いられています。

清少納言の『枕草子』の中に、「にげなきもの（似つかわしくないもの）」というくだりがあり、「歯もなき女の梅を食ひてすがりたる」と記しています。

「歯もない女が、梅を食べて酸っぱがっている様子」という意味。生の青梅は腹痛のもとになり、食用にしませんから、塩だけで漬けて干したものとみてよいでしょう。なお、シソの葉を用いて、赤色が出るように漬けるようになるのは、戦国時代のころからと言われています。

梅干しは酸味が大変に強く、顔面の筋肉が、口を中心にぎゅっと縮んでしまうほどで、その瞬間の顔を鏡で見ると、あきれるほどの〝変顔〟になっていて、噴き出してしまうほどです。

梅干しの酸味には、強い殺菌作用があり、当時多かった食中毒や感染症を防ぐ上で役に立っていました。

その上、梅干しを口中にすると、唾液がどっと出ます。

唾液の中にはパロチンと呼ばれる老化を防ぐホルモンが含まれており、「にげなきもの」の中に登場する老女は、梅干しを毎日のように食べては、不老長寿を楽しんでいたのかもしれません。この老女は、歳の割には顔色もよく、お肌の色艶もよかったのではないでしょうか。梅干しの効果を、才女である清少納言は見落としていたのです。

平安時代の『医心方《いしんぽう》』は、梅干しの効果について「酸味が強く、気をおだやかにして、腹痛によい」と述べています。

「梅干し」は、古くから日本人の守り本尊であり、不老長寿の妙薬でした。その効果をまとめてみましょう。

・疲労回復に役立つ＝酸味のもとであるクエン酸などの有機酸には、疲労物質の乳酸を除く効果があります。
・老化を防いで若返り作用＝梅干しの酸味で増えた唾液には、不老ホルモンのパロチンに加えて、抗酸化成分も含まれ、お肌はもちろん、全身のアンチエイジング作用が期待できます。
・胃を丈夫にする＝クエン酸が胃の消化を助け、胃がんの原因となるピロリ菌の活動を抑制します。

・感染症から体を守る＝インフルエンザなどのウイルスの働きを抑える作用が強い。

・焼き梅干しで長生き期待＝梅干しを軽くあぶることで、ムメフラールという血栓を防いだり、血行をよくする成分が発生し、全身の血液の流動性が向上して、長生きに役立ちます。血圧の安定にも期待されています。

・カルシウムの吸収を助ける＝梅干しのクエン酸には、日本人に不足がちなカルシウムの吸収を補う働きがあります。骨粗しょう症や骨折を防ぐためにも、梅干しを常備したいものです。

・梅干しはその日の難逃れ＝昔は遠くへ出かける時など、「梅干しはその日の難逃れ」といって、まず梅干し一個を口にしたものです。梅干しの酸っぱいクエン酸効果で、風邪や食中毒にかからずに仕事ができるようにと、体に気合いを入れたのです。

その三

スルメを噛む紫式部

●紫式部、居眠り防止にスルメを噛む

貴族社会に好まれた保存食にスルメがあります。宮中で働く才女たちも、間食などによくスルメを食べていたようです。

よく噛むことによって、脳の血行がよくなり、眠気が去ってスッキリするところが、好感されたのかもしれません。

イカの胴部を切り開き、内臓を取り除いて日に干したタンパク質のかたまりのような保存食で、極めて美味です。

なにしろ、七〇パーセント弱がアミノ酸の多いタンパク質なのです。軽く火にあぶって、細く裂き、これをじっくり噛むと、スルメ特有の旨味成分の味が口中に広がり、集中力も高くなり、記憶力や表現力も強化されます。

平安時代、スルメは租税の一品として、各地の生産地から京の都に大量に搬送され、神饌《しんせん》や貴族たちの酒肴や食事の主菜として欠かせませんでした。

江戸時代の『本朝食鑑』は、スルメについて次のように考証しています。

「鰑は須留女《するめ》とよむ。わが国では、ほし烏賊《いか》の名として、久しく呼びならわしている。（中略）『延喜式』に若狭や丹後、隠岐、豊後より烏賊を貢納するとあるが、これらは皆、い

まの〝するめ〟である」とあり、京の都に出回るイカのほとんどはスルメでした。
美女や才女たちのおやつのひとつが、このスルメ。物を書く才女の場合、長時間の執筆に疲れた時に、スルメを噛むことによって、脳の血行がよくなり、前頭葉も活性化して、創作能力を高める上でも役に立ったのです。
長時間、机に向かって坐り、同じ姿勢で執筆するということは、血行も停滞して眠気にしばしば襲われたはずです。当時の明かりは今よりもはるかに暗く、余計に居眠りも起こりやすかったはずです。そのような時の妙薬こそ、細く裂いたスルメを噛むことでした。

●スルメのタウリンで視力の若返り

最近、注目されているのが、スルメに豊富なタウリンで、アミノ酸の一種。栄養ドリンク剤でもおなじみの成分で、気力や体力の強化、視力の回復に効果が期待されています。

スルメに付着している白い粉は、タウリンの結晶体です。タウリンは微量ですが、人間の体にも存在しており、脳細胞や心臓、肝臓といった重要な臓器の働きに大切な役目をになっているのです。

江戸時代、居酒屋の肴というと、決まって火あぶりのスルメが出されました。少々飲み過ぎても、スルメのタウリンが肝臓をガードしてくれるという、酒好きの健康を守る知恵といってよいでしょう。

歳をとると、いろいろ身体機能が低下してきます。歩くのが遅くなり、物覚えも悪くなります。それは、平安時代の貴族であろうと現代人であろうと変わりません。

江戸時代の禅僧で、多芸多才で人気のあった仙厓和尚《せんがいおしょう》（一七五〇―一八三七）が、次のような狂歌を残しています。

手はふるう　足はよろつく歯がぬける
耳は聞こえず　目はうとくなる

仙厓和尚自身は八七歳という当時としては、異例の長寿でしたから、この洒脱《しゃだつ》な歌にはリアリティがあります。

ここで注目したいのは、「目はうとくなる」。つまり、視力の老化現象です。最近はパソコンやスマホなどを長時間使うため、歳老いる前から、老眼と同じような現象になってしまう人が激増していて、情報時代の大きな目の健康問題になっています。

タウリンは、目の網膜にも多くあり、スマホ疲れの視力の回復や、目の老化防止にも役立つといわれています。

また、視力の強化にも効果が期待できると考えられ、第二次世界大戦では、スルメや干しダコの煮出し汁を特攻隊員が飲んで、視力の強化に役立てていたと伝えられています。戦国時代の忍者たちも、スルメや干しダコを噛みながら、夜間の任務を遂行していたのはよく知られています。

現代生活にテレビやゲーム、スマホ、パソコンなどは欠かせません。目をガードするためにも、スルメに多いタウリンに注目すべきでしょう。

●幸せホルモンのセロトニンも増える

地方の生産地から、都へスルメを大量に送らせていたということは、夜になっても照明をつけて仕事をしたり、宴会や執筆をする機会の多い貴族や官女たちは、スルメが視力と関係のあることを、本能的に知っていたのかもしれません。

ごく最近、アメリカの研究によれば、タウリンをとり続けると加齢による体の衰えが改善し、若返りに効果があることがわかってきたそうです。

スルメをリズミカルに噛んでいると、脳のセロトニン神経が活性化されて、とっても幸せな気分になり、心が安らぎに満たされていくのがわかります。セロトニンは、幸せホルモンとも訳されているように、いつの間にか、ニコニコ笑顔になり、幸せな気分になってきます。常にそのような気分でいると、社会的に好感度が高くなり、病気に対する免疫力も強くなります。

セロトニンの原料は、必須アミノ酸のトリプトファンですが、この成分もスルメに含まれています。つまり、スルメのトリプトファンと噛むというリズム運動によって、スルメはとってもハッピネスにしてくれるのです。

スルメは、脳を使って物語の展開を考える作家にとっては、理想的な機能性フードと呼んでよいでしょう。

スルメには、アルギニンというアミノ酸も多く、意欲を高める上で効果が期待できます。ミネラルも豊富で、男性ホルモンの強化と免疫力を高める亜鉛、狭心症を防ぐマグネシウムなども含まれています。

美肌と若返りのビタミンEやナイアシンなども含まれており、お肌の若さを保つ作用が高く、女性にとっては魅力のある食材、それがスルメなのです。

第二章

紫式部ごはんは平安時代の健康食・美容食

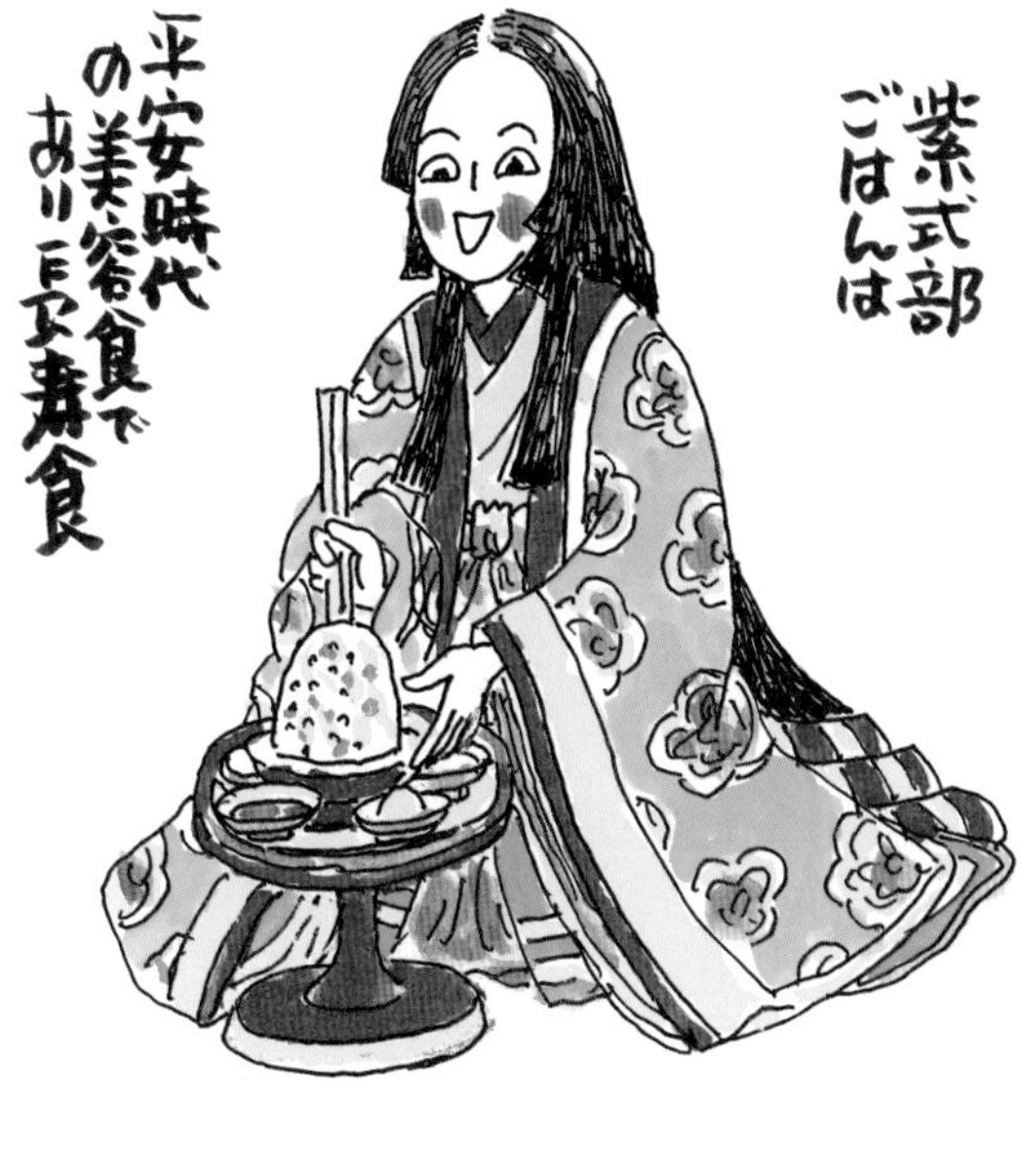
紫式部ごはんは
平安時代の美容食であり長寿食

その一

大根は紫式部の腹薬

●大国主命《おおくにぬしのみこと》が生の大根で生還しました

貴族の間では、生の大根は薬のように用いられていました。もちろん、消化不良や胃もたれなどに対応するための〝腹薬《はらぐすり》〟です。

大根の効能は、神代の昔から知られており、出雲の神話に、次のような伝説があるそうです。

因幡《いなば》の白うさぎを助けた大国主命は、どこに行っても人望が厚く、人気があり、それを嫉妬した土地の神々が、盛大に餅のご馳走攻めをいたします。超満腹にさせて、苦しめてやろうという魂胆《こんたん》。

大国主命は、事前に生の大根を食べていたので、事なきを得ましたが、一緒に餅を食べた仲間の神々は七転八倒の苦しみ。餅攻めをたくらんだ悪い神々は、ことごとく成敗されたと伝えられています。

神代の時代、すでに生の大根に、穀物の消化を助ける働きのあることが知られていたのです。それ以来、餅を食べる時には、生の大根が必ずつくようになったといわれて、今でも大根おろしが添えてあります。

大根を「鏡草」と呼ぶ場合もありますが、「鏡」は餅であり、「草」は大根のこと。

どのような役を演じても、当たらない役者のことを「大根役者」と呼ぶのも、「何を食べても当たらない」という、生の大根の食効にちなんだ表現です。

●「大根どきの医者いらず」

生の大根には、たくさんの消化酵素が含まれていますが、その主成分は、デンプンを分解するアミノラーゼ。古くから日本人の主食であるご飯の消化吸収に、効果を上げてきました。

それ以外にも、タンパク質分解酵素のプロテアーゼ、脂肪分解酵素のリパーゼなど、さまざまな生きた消化酵素があり、日本人の不老長寿の薬餌《やくじ》となっています。

昔から、イワシやサバ、サンマなどの焼き魚には、大根おろしが忘れずに添えられてきました。

魚の味を引き立てるためもありますが、焼いた魚のこげには、ニトロソアミンという発がん物質が発生しやすいからです。

ところが、大根おろしに含まれている各種の消化酵素が、それらの危険物質を分解し、毒性を中和してしまう。

「大根どきの医者いらず」は、大根パワーを示すことわざ。大根の収穫時になると、村人はみんな健康状態が良くなり、寝ていた病人まで回復してしまうので、医者の仕事は少なくなってしまいます。大根おろしでデンプン分解酵素がたっぷり摂れ、胃の調子もよくなって、元気が出てきます。

昔は、大根の葉も食用にしていましたから、ますます健康力がつきます。葉に含まれているビタミンC、ビタミンE、それにカロテン、葉酸、さらにミネラルのカルシウムやカリウム、マグネシウムもたっぷり摂れて、ご隠居さんから子供まで、みんな元気になり、病院は閑古鳥状態になってしまうのです。

ただし、アミラーゼなどの消化酵素は七〇度を超えると、その効果は消えてしまいますから、煮た大根には含まれていないと思った方がよいでしょう。

●才女たちの特効薬

「生でよし、擂《す》ってまたよし、煮てもよし、干して、漬けても、これまたよし」と、古くからいわれるように、昔から大根は、台所の千両役者でした。

大根おろしには、セルロースやリグニンといった食物繊維が多く、便通を整えて、通じをよくする作用があります。食べ続けると、腸内環境も良くなり、免疫力が強くなって、風邪を引かなくなるなど、体力強化にもたいへんに効果的。

平安時代、宮仕えの美女たちはデスクワークが多く、坐りっきりの仕事ですから、足腰が弱くなり、腸の働きも低下して、通じも滞りやすかったようです。

ところが、おなかが気になるような時には、立派な「特効薬」がありました。

当時、貴族や才女たちに、よく読まれていた『医心方』という医術書は、大根の効果について、「穀物の消化によく（中略）、これを食すると健康になる」とあり、その上手な利用法については「生の大根をつぶし絞った汁は、消化に大変な効果がある」と説明しています。

絞り汁を少量服用するだけではありません。細かくつぶした大根を、そのまま器にとり、食膳に常備してあるめぐり（四種《ししゅ》器）の「醤、酢、塩、色利（カツオ節の煮出し汁、または大豆の煮汁を濃縮した甘味の調味料）」などで、好みの味に仕上げて楽しむこともできました。

アミラーゼなどの消化酵素と並んで注目されるのが、イソチオシアネートという大根に含まれている辛味の成分。イソチオシアネートは殺菌効果が強く、食中毒やがんの予防などで脚光を浴びているのです。

大根が、貴族社会の女性たちに好まれたのは、「五臓の悪気を洗い流し、肌を白く、美しくする」と、『医心方』が述べているせいもありますが、実際に美肌効果をあげていたようです。

生の大根には、シミやそばかすなどを防いだり、老化を遠ざけ、若返り作用のビタミンCもたっぷり含まれています。

腹薬としての有用性、あるいは単位面積当たりの収穫量が圧倒的に多いところから、大根は時代を追って全国的に普及し、江戸時代になると、「民間では常に畑で作り、四時いつでも用いている。それゆえ、全国を通じて、大根の無い土地はない」（『本朝食鑑』）というほど、日本人すべてに愛好されるようになり、現在に至っています。

その二

紫式部のサケ茶漬け

●サケの消費量が急増した貴族社会

「若返りの魚」として、古くから珍重されてきたのがサケです。魚身の赤さが、若さをもたらし、老化を防ぐ成分と考えられ、昔は金持ちが塩引きにしたり、干したりして、年中食膳にのせていました。

歴史的に見ると、サケの赤い身は、悪霊や疫病、悪運を追い払い、福運を呼ぶパワーと考えられ、薬のように食べられてきました。神へのお供えとなり、行事や祝い事には欠かせない、重要な魚となってきたのです。

縄文遺跡からもサケの骨などが出土しており、たくさんとれた時は、干しサケにしたり塩漬けなどして年中食用にして、タンパク質や脂質、カルシウムなどミネラルの供給源にしていたようです。

このサケの消費が急増したのが平安時代。

グルメな王朝の貴族たちが、他の魚とは違い、色が赤く美しくて、美味なるサケを何よりも好んだからに他なりません。

その結果、日本海側に多い産地から、京の都まで、大量のサケを運入させるようになります。

『宇治拾遺物語』という説話集に、サケを盗む悪童子が登場します。都の商人が、越後（新潟県）で大量の塩サケを買いつけ、都へ運んでいました。すると、一人の悪童子が、荷駄の間にもぐり込んで、二匹の大サケを盗み取ったのです。サケは、高価で売れるところから、目をつけたようです。

都でサケが重要だったのは、上級役人への現物給料として、サケが給付されていたことがあります。下級役人への給与魚は、塩サバや塩イワシでした。

●サケの色素の若返り効果

都へ搬入されたサケは、加工されたものが多く、当時の記録によると、塩引きのサケ、丸ごと干したサケ、筋子、切り身にして細長くしこれを干した楚割（すはやりと読み、魚條とも書きます）などがありました。

楚割は削って、酒の肴や飯のおかずなどに用いられ、貴族たちの好物でした。

紫式部や清少納言のような宮仕えの女性たちのご飯の仕方は、夏は冷たい水をかけた「水飯」、冬は熱い湯を用いる「湯漬け」が多かったのですが、現代風に「サケ茶漬け（湯漬け）」にして食べるのを、何よりのご馳走にしていたようです。

サケは、保存がきくところから、年中食用となり、美味なる上に、健康、長寿効果や美肌作用などで、目に見える効果があり、外見にこだわる貴族たちに人気がありました。

サケの赤い色素は、アスタキサンチンで、カロチノイド系の天然色素。老化を防ぐ、若返りの成分として、このところ脚光を浴びています。紫外線やストレス、過激なスポーツ、オーバーワーク、酒の飲みすぎなどで発生する酸化力の強い悪玉の活性酸素を消去する抗

酸化力が極めて強く、その働きは、抗酸化ビタミンの王者といわれるビタミンEの何百倍ものパワーと称されています。最近では、筋肉疲労やスマホなどによる眼精疲労の回復効果、加えて美肌や長寿作用もあることがわかってきました。

アスタキサンチンは、その卵である筋子やイクラの赤い色素となって、サケの子孫に受け継がれます。

最近、抗ウイルスのビタミンとして注目されているのが、サケに豊富に含まれているビタミンD。カルシウムの吸収を高めて、骨の老化を防ぐビタミンとして知られてきましたが、免疫力を強化して、インフルエンザや流行性の風邪、それにガンの予防の働きでも脚光を浴びているのです。

ＥＰＡ（エイコサペンタエン酸）やＤＨＡ（ドコサヘキサエン酸）も豊富で、血液のサラサラ効果や、記憶力の衰えを防ぐ上でも欠かせません。

王朝の才女たちが、サケを好んだのも、以上のような健康効果を勉強と経験によって、知っていたのかもしれません。

その三

紫式部と「開けゴマーッ」の深い関係

●ゴマのビタミンB1が創作能力を高める

「開けゴマーッ！」

開運をもたらす呪文です。

『アラビアンナイト』に登場するアリババが、岩の扉に向かって「開けゴマーッ！」と呪文を唱えると、扉がするすると開き、入ると金銀財宝の山。アリババはたちどころに巨万の富を手に入れてしまったのです。

アリババの幸運をもたらすキーワードこそ、「開けゴマ！」にありました。

この妙薬の物語は、ゴマには、不思議な開運パワーがあることを示唆しているのではないでしょうか。

ゴマの力を上手に活用すれば、開運はもちろん不老長寿や自身の才能開発に役立つかもしれません。

ゴマには、その数六〇兆個といわれる体細胞、それに脳細胞の老化を防いで、若返りに欠かせないビタミンEが豊富。

次にビタミンB_1が、一〇〇グラム中に、〇・九五グラムと多い。多少のオーバーワークにも疲れない体をつくる上で欠かせないビタミンです。

現在だったら、頭の回転力をアップして、AＩ（人工知能）時代への対応能力を高め、解析能力や創作能力を向上させる上で重要です。私たちの脳の唯一のエネルギー源は糖質のブドウ糖であり、その代謝に欠かせないのがビタミンB_1。

ビタミンB_1が欠乏すると、脳にエネルギーが十分に供給されなくなる恐れがあり、脳のパワーが低下して、イライラしたり、眠気にとらわれかねません。ゴマのビタミンB_1含有量はずば抜けて多く、しかも手軽に食べられるという点は理想的です。

●放っておくと体はどんどん酸化していく

ゴマが古くから「不老長寿の妙薬」と称されてきたのは、体細胞の酸化、つまり、老化を抑制する成分が多いためです。

それがゴマリグナンで、セサミノールやセサミンといった成分の総称。すべての成分に抗酸化作用がありますが、その作用は、老化や病気の予防だけではありません。肌や毛髪、表情などの若返りといった、女性にとっては、嬉しい美容効果なども期待されているようです。

歳をとるにつれて、顔にはシワが増え、抜け毛や白髪が多くなります。このような老化現象に対して、ゴマリグナンは、抗酸化の予防効果を発揮します。

ゴマが秘める体のさび止め効果を活用して、老化の進行をゆるやかにして、お肌ばかりではなしに、脳の現役力の若さも保ちたいものです。

ゴマには、抗酸化作用以外にも、肌細胞の活性や育毛、骨の老化防止などに必要なタンパク質やビタミン、ミネラルなどが含まれており、九〇歳、一〇〇歳になっても、若々しい人生を楽しむためには欠かせません。ビタミンB群の仲間であるナイアシンも多く、美肌作用で知られており、これも若さを生み出す栄養素。

認知症など脳の老化防止を防ぐ成分として、注目の葉酸も含まれています。ミネラルでは骨の健康を守るカルシウム、心臓の機能を元気にするマグネシウム、コロナなどのウイルス感染を予防し、性的能力を高める亜鉛も含まれています。

さらに注目したいのは、ゴマにはトリプトファンというアミノ酸が含まれているという点。幸せホルモンのセロトニンの原料なのです。セロトニンの出やすい人間は、人間ばかりでなく、犬や猫、草木など、自然のすべてに優しくなれるといわれる成分なのです。

平安時代の女流作家による『枕草子』や『源氏物語』などには、いたる所に優しい目線の描写が感じられ、そのベースになっていたのは、セロトニンを増やすゴマや大豆加工食品の多い王朝独特の食生活にあったような気がします。

油飯が黒髪を
つややかに美しく
しているのよ。

●王朝美女は「油飯《あぶらいひ》」が大好き

日本の歴史の中で、ゴマを上手に活用して健康を守り、生活を優雅に、そして文化的に楽しんでいたのが、平安時代の貴族たち。特に、宮仕えの女性たちでした。

その貴族たちに愛読されていた医術書の『医心方』は、薬効の高い食物をあげ、その利用法を詳細に解説していますが、一番最初に紹介されているのがゴマ。それだけ貴族社会で人気があり、関心を集めていたのです。

「ゴマは寿命をのばす」として、次のように説明。「久しく服用すると、体が軽くなり、老衰を防ぎ、視力をよくして飢えに強くなり、寿命をのばす」とし、「ゴマを搾って作った油が一番良効」とすすめています。

そのゴマ油を用いたのが「油飯《あぶらいひ》」で、当時の貴族や官女に人気があった米飯です。油飯といっても、現在のチャーハン（炒飯）とは違います。

平安時代の辞書である『和名抄』によると、「ゴマ油で炊いた飯」とあって、はっきりとは不明ですが、米飯が炊き上がる前にゴマ油をふりかけて蒸らした飯のようで、再現してみるとゴマの香りがして美味。ダイコンの味噌漬けを菜にして食べましたが、大変においしかったです。

油飯のような美味なゴマ活用は、官女たちの身の丈ほどもあるロングヘアーを美しく丈夫にし、十二単《じゅうにひとえ》の重い装束を支える足腰に力をつける上で役にたっていたのではないでしょうか。

平安時代の主なゴマの生産地と、割当てられた貢納量を『延喜式』によって見ると次のようになります。

山城国（京都府南部）………四石

尾張国（愛知県）……………四石
三河国（愛知県）……………三石
近江国（滋賀県）……………五石
美濃国（滋賀県）……………四石
備前国（岡山県）……………三石
阿波国（徳島県）……………四石
伊予国（愛媛県）……………五石
その他多数あります。

●ふだんはシンプルごはん

「油飯」が美味だからといって、毎日食べていたわけではありません。

ふだんは釜や鍋で、やわらかく炊いた「姫飯《ひめいひ》」です。

庶民は玄米ですが、貴族階級になると七分つきか八分つきぐらいに精白した米で、これを数時間水に漬けておいてから火にかけます。
七、八分つきという、玄米の胚芽が残っている米ですから、水の中で発芽しようとします。すると米の中のギャバ（ガンマアミノ酪酸）がどんどん増加してきます。ギャバはストレスを防ぎ、心をやすらかにする上で大切な成分です。

貴族や女官たちが優雅に品のある行動ができたのも、ギャバの多い姫飯と深い関係があります。

食膳の上に置かれた姫飯のまわりには、「めぐり」といって、「醬《ひしお》、酢、塩、酒」の調味料が添えられています。

調味料が四種あるところから「四種器《ししゅき》」とか「四種の物」と呼ばれる場合もあり、この調味料で姫飯や副食物などを自分好みの味にととのえて食べます。

醬は大豆発酵食品で、味噌や醬油のルーツのようなもの。醬と酢を混ぜたのが「醬酢《ひしおす》」で、現在の「二杯酢」に当たり、当時は魚や貝類の生食の調味料に用いられています。「醬酢」は奈良時代から人気がありました。『万葉集』に次の作品があり、現在でも同じように作っても美味だし、健康的で頭脳力向上にも役立ちそうです。

醬酢に蒜《ひる》搗《つ》き合《か》てて鯛願ふ
吾になな見せそ水葱の羹《あつもの》

「醤に酢を混ぜ、そこへ蒜（ニンニク）を搗《つ》き加え、鯛の刺身をあえて食べようと思っているのに、水葱（水アオイのこととみられる）の熱汁のような暑苦しいものなど見せないでくれ」という意味。

脂ののった生鯛を薄切りの刺身にして、ニンニクを混ぜた醤酢をたっぷりつけて食べたいものだと願っているのです。酢には殺菌作用や食中毒の予防効果もあり、生物を口にする時には欠かせませんでした。

同じようにニンニクには、血液をサラサラにして、内臓脂肪を燃やして腸内環境を整え、疲労回復に役立つなど、数多く健康効果があり、それを体験的に学び、卓上に欠かさなかったのです。

大豆を中心に、米などの穀類を混ぜて加塩発酵させて熟成させた醤は、やがて「末噌」となり、「美蘇《みそ》」と呼ばれ、やがて「味噌」となって現在に続きます。

●紫式部など才女の好きなゴマ味噌

♪ずいずい　ずっころばし　ゴマ味噌　ずい

という童謡があります。

昭和の母親は、よく甘いゴマ味噌を作ってくれたものです。砂糖が高価ですから時々しか作ってくれません。

子供たちは、戸棚の上の方にあるゴマ味噌を見つけては、こっそりとなめていたものです。

しかし、口のまわりに黒いゴマ味噌がついてすごく叱られました。

ゴマ味噌にはビタミンB_1が多く、頭の回転をよくして学習能力を高める上で役に立つばかりでなく、アミノ酸化されたタンパク質が多いから、大人だったら六〇兆個もある体細胞の若々しさを保つ上で役に立っていました。

平安時代の才女たちも、ゴマ味噌を好んでいたのは、文章を組み立てる時などに、創作力を高める成分が多く、よい文体を書けることを知っていたのかもしれません。

その成分こそ、味噌に多く含まれているレシチン。レシチンは、もともと大豆にある成分ですから、味噌にも豊富に含まれています。レシチンは、脳の記憶物質であるアセチルコリンの原料となり、したがって、レシチンをコンスタントに供給できれば、歳をとっても脳の記憶力低下を予防することが可能となるのです。

大豆食品や味噌を通して、レシチンが十分に供給されれば、情報を伝達したり、情報をストックしたりするアセチルコリンが増えて、表現力も豊かになり、物語を創作する時などにも大いに役に立ちます。

物忘れがひどくなったら、文章の構成も困難となります。才女たちが、ゴマ食を忘れなかった理由のひとつです。ゴマ味噌の効果は、現在の「一〇〇歳時代」にも、大いに役に立つのは間違いありません。

味噌には、女性ホルモンに似た働きをするイソフラボンが多く、宮仕えの才女たちの美しいお肌や黒い長髪、それに若々しい表情を持続する上で効果をあげていました。

●「蘇《そ》」は上等なチーズケーキ

エジプトのクレオパトラ、中国の楊貴妃と共に世界の三大美女と呼ばれた小野小町が登場するのも、日本の歴史の中で、どの時代でもなく平安時代なのです。

同じ時代に、清少納言や紫式部、和泉式部たちも登場して男顔負けの大活躍。平安時代は、才女や美女、艶女が次々デビューした女性文化の時代であり、そのような時代を反映して、ユニークな食物も生まれています。

牛乳加工食品の「蘇《そ》」で「酥《そ》」とも書く。牛乳を煮詰めて作った、ほぼ固形のもので、当時の記録によると、「乳大一斗煎、得蘇大一升」とあり、牛乳を加熱して一〇分の一に濃縮したものが「蘇」となります。

私は「蘇」を、マスコミなどの依頼で、何回も再現したことがありますが、味は極めてよく、上等なチーズケーキのような甘美なものであり、当時から「王朝スイーツ」として、大人気でした。

平安時代の法令集である『延喜式』には、蘇を作って朝廷に献上する貢蘇の仕方が示されており、それによると、東は常陸国（茨城県）から西は九州の大宰府までにいたる国々で、蘇が作られ朝廷に貢納されています。

貴族や官女たちは、貴重なこの乳製品を頻繁に食べる機会があり、若さを保ち、お肌やロングヘアの白髪化を防ぐ〝食べる養毛剤〟にも活用していたようです。

牛乳を濃縮した蘇には、アミノ酸のアルギニンも多く、男性ホルモンのテストストロンの原料となる成分であり、強精作用もあり、貴族たちには普段にもスタミナを強化するために食用にしていました。

「乳の粥」もあり、牛乳を粥状に煮詰めたもので、体力が落ちたような時の回復食として用いられています。乳製品は、すべてタンパク質やミネラルが多く、アンチエイジングに効果があります。

平安時代の女流作家たちの健康をガードし、創作能力を高める上で、この乳製品は大変に役に立っていたのは、間違いありません。

何かとストレスのかかる宮仕えの生活を、笑顔で楽しむことができたのも、ゴマや牛乳、大豆などの食用で、心をおだやかにする成分を摂っていたからなのです。

●創作能力を高めるクルミ

王朝美人たちが、好んでおやつに用いていたのがナッツ類で、中でも人気があったのがクルミ。食べやすくて、美容効果が高いとして好まれていたようです。

スナックだけではなく、酒好きな美女の酒の肴にも歓迎されていました。

貴族たちの健康管理や病気治療に欠かせない参考書でもある『医心方』は、クルミの効果について、「これを食べると、より健康になり、肌をうるおして、髪も黒くなる」とすすめている点も、美女、才女たちの人気を呼んでいました。

江戸時代の『本朝食鑑』にも「精力を強くして、頭髪を黒くする」とあります。

確かに、クルミには、男性ホルモンのテストストロンの原料となるアミノ酸のアルギニンが多く、強精効果が高そうです。

それだけではありません。

テストストロンが強いと、人生やビジネスに意欲が高まり、チャレンジ精神が出て仕事もうまくいき、人生が前向きとなって楽しくなります。

クルミには「若返りのビタミン」と呼ばれ、抗酸化作用の高いビタミンEや疲労回復や物忘れを防ぐビタミンB_1もたっぷり。

クルミ成分の約七〇パーセントは脂質で、優れた健康や頭脳向上効果で話題を集めているオメガ3脂肪酸に属する「α《アルファ》―リノレン酸」をたっぷり含み、脚光を浴びている成分。α《アルファ》―リノレン酸は体内に入ると、EPA（エイコサペンタエン酸）やDHA（ドコサヘキサエン酸）に変化し、すばらしい健康作用を発揮します。

EPAは、血液をサラサラにして血液中の中性脂肪を減らして、心臓の若さを保つなど、さまざまな健康効果があります。

DHAは、記憶力をよくして認知症を予防し、創作能力を高める効果があり、人工知能時代には欠かせない成分です。クルミにはミネラルの亜鉛も含まれており、ウイルス感染を防ぐ免疫力を強化する作用でも期待されており、平安時代ばかりでなく、現代でも普段から食べたい注目ナッツといってよいでしょう。

その四

風邪薬は臭気烈しきニンニク

●疾病よけのニンニク強し

ウイルスなどによる伝染病は、感染力の強い疾病であり、古くから日本人は苦しめられてきました。

最近でも、コロナウイルスという現代の疫病が世界的に流行しました。現代ですと、ワクチンを用いて、ある程度は予防できますが、近代的な医療品がなかった昔は、ニンニクを活用して感染を防いでいました。

江戸時代の『本朝食鑑』に、次のような古くからの活用法が紹介されています。

「疫病や伝染病などが流行の時、各家ではニンニクを門の上にかけて、これを避ける。あるいは、十二月にニンニクを味噌であえ、壺に貯えて口を封じ、土中に埋め、夏の土用に

早く風病を治したいのです
疫病よけのニンニク強し

なって食べる。よく暑熱や疾病を避けて除く」とあり、江戸の町人たちは、ニンニクの味噌漬けを食べて、疫病神にとりつかれないように、体力を強化していたのです。次のように面白い川柳もあります。

「睾丸《こうがん》に似たニンニクの門守り」

疾病よけに軒下につるされた「東のニンニク」は、確かによく似ています。

ニンニクの烈しい臭気には、強い悪霊退散のパワーがあります。吸血鬼のドラキュラも尻尾を巻いて逃げるというニンニクの臭気のもとは、アリシンという物質で、この臭いがあるからこそ、ニンニクを食べると、免疫力が強化され、疫病神も「ワーッ、助けて〜ッ」と悲鳴をあげて退散していくのです。

生のニンニクが、虫に食われたり、傷をつけられたりすると、ニンニクの自衛システムが作動し、急きょアリシンが作られます。

アリシンは、強力な殺菌作用を発揮し、細菌を攻撃して死滅させるほか、病原菌やウイルスまで、その活動を抑え込んでしまうのです。

ニンニクのアリシンには、インフルエンザをはじめ、風邪などのウイルスに対しても効果があるといわれ、疫病除けには頼りがいのあるフードと呼んでいいでしょう。

ニンニクや疫病退治だけではなく、薬味にも用いられて料理の味を引き立て、風邪薬などにも役に立ってきました。

●『源氏物語』の中のニンニク

風邪は、平安時代の貴族や才女たちを苦しめていたようで、発熱したりすると、真っ先に用いられたのがニンニクでした。

紫式部の『源氏物語』の中にも、ニンニクが出てきます。「帚木《ははきぎ》」の巻で、訪ねてきた男を、女が今は風病（風邪）を治すために、「極熱草薬《ごくねちのそうやく》」を用いており、その臭いが激しいので、とても会うことができませんと断っています。

「極熱草薬」というのは、ニンニクのこと。臭いがきついということは、生のニンニクを砕きつぶして、そのまま生で用いているためであり、臭気のもとになるアリシンが発生している証拠。この女性は、早く風邪を治すために、もっとも効果的な方法で、ニンニクを生食していたことになります。

作者の紫式部自身も、風邪で発熱に苦しんだような時、つぶした生ニンニクを薬用にした経験があり、以上のような描写につながっていたのです。

第二次世界大戦の時、ヨーロッパの戦場では、特効薬のペニシリン不足で、風邪やインフルエンザで倒れる兵士が多く、それを救ったのがニンニクだったために、ニンニクは「戦場のペニシリン」と呼ばれ、多くの兵士が救済されたそうです。

ニンニクの健康作用は、それだけではありません。ニンニクには、血管などを若返らせ、動脈硬化を防いで狭心症や脳梗塞などを予防するといった優れた働きも備わっています。

その五

紫式部のおやつは「唐菓子《とうがし》」だった

●甘くて形が奇抜な〝おやつ菓子〟

平安時代の王朝文化は、他の時代とは違った食文化を開花させています。それが粉食文化の「唐菓子」で「とうがし」とか「からくだもの」と呼ばれていました。一種のケーキで、形が大変にユニーク。ドーナツやカリントウ、だんごなどに近いかもしれません。もともとは奈良時代に中国から伝えられたもので、その製作が、平安時代になって盛んになりました。

米の粉をはじめ小麦の粉、きな粉、そば粉などの穀類の粉を練って、花や木の枝、縄など、いろいろな形にして、油で揚げたり、せいろで蒸したりしたもので、ほとんどの場合、甘味がつけてあります。

平安時代は、朝餉《あさげ》、夕餉《ゆうげ》の一日二食ですが、その間に、貴族も庶民も唐菓子とか餅類、握り飯、そばがきのような軽食をとる習慣がありました。しかし、日常的に唐菓子類を食べられるのは貴族や女官たちが中心です。

京の都の市場には、唐菓子類も販売されており、お金があれば、誰でも購入して食べることができましたが、一般の人々にとっては高価なものだったと思われます。

唐菓子には、いろんな形がありますが、作るのは簡単で、食べてみるとサクッとしていて、ほどよい甘味がします。

目をつむって味わうと、紫式部たちの十二単《じゅうにひとえ》の衣擦れの音が、どこからともなく聞こえてくるような不思議な感覚になりました。

女官たちが仕える建物は、板張りが多く、ことさら冬は、保温効果を上げるためにも、揚げ菓子やホットな飲み物が喜ばれたのです。

●「唐菓子」の作り方

唐菓子は、奈良時代には渡来していましたが、平安時代になってほぼ定型が出来上がり、「八種《やぐさ》の唐菓子」と「十四の菓餅《かへい》」があったことがわかっています。

「八種《やぐさ》の唐菓子」の数々は、次のような形をしています。それぞれの形には「おめでたい」とか「不老長寿」「病気を追い払う」などの意味があったようです。甘味は、干し柿の粉、なつめ、あまずら（古代以来の甘味料で、アマズラの蔓《つる》を切って汁を集め、煮つめたもの）などを用いています。

①**梅枝**《ばいし》＝梅の枝の形を模して作り、枝の分かれ具合で、二梅枝、三梅枝があり、米の粉などを練って形にし、枝の先端を赤く染めて梅花をあらわします。これを油で揚げますが、油はゴマ油が中心。サクサクしていて、自然な甘さがあり、きっと「春よ、早く来い」と願って食べたのではないでしょうか。

②**桃枝**《とうし》＝「桃」の若枝には、悪霊除けの強い力があると信じられ、この形にしたものと思われます。「梅枝」とペアで供される場合が多く、作り方はほとんど同じとみてよいでしょう。

③**餲餬**《かっこ》＝「餲」はナラやクヌギなどの堅木に棲息する「木食い虫」のことで、古くは食用にしたと伝えられ、粉を練って、その虫の形にこしらえ油で揚げたもの。『和名抄』にも「木食い虫の形に作る」とあり、節会や宴会によく用いられています。風雨にも負けない

木の栄養をとって長生きしている「木食い虫」のように長寿を祈って食べていたようです。

④桂心《けいしん》＝肉桂（ニッキのことで健胃効果がある）の粉を混ぜた一種の〝漢方ケーキ〟で、『西遊記』の三蔵法師がかぶる法冠のような形に作ります。

⑤黏臍《てんせい》＝小麦粉をよく練り、生地を作って円形にし、その中央に「臍《へそ》」に似せたへこみをつけ、油で揚げます。『和名抄』にも「人の臍に似せて作る」とあります。年中行事の宴会などには欠かせません。健康上、臍、つまりお腹の重要性を認識するための揚げ菓子です。

⑥饆饠《ひちら》＝うす平たく作った小麦粉の菓子で、中に餡《あん》が入っており、現在の大福餅を平らにしたような形。『和名抄』に「俗伝・比知良」とあり、節会には欠かせません。

⑦䭔子《ついし》＝『和名抄』に「都以子と読む」とあり、米の粉を用いて、里芋の子イモのように、頭をまるくし、だんだんと細長くした蒸し餅。甘味がついています。親イモに小イモがたくさんつくことから、子孫繁栄を願って食べていたようです。

⑧団喜《だんき》＝『嬉遊笑覧』に「団喜は俗にだんごという物の形にて、餡を包めるものなり」とあり、現在のだんごとはちがって、中に餡が入ったものですから、餡といっても小豆餡ではなく、肉や野菜など入っており、薬草などを加える場合もありました。現在で言ったら、漢方薬の入った「肉饅頭」のようなもの。

以上が「八種の唐菓子」ですが、次に「十四の菓餅」がありました。中には作り方が不明なものもあり、主な菓餅について、あげてみます。

①餢飳《ぶと》＝米の粉を練って、丸く平らにした物をふたつに折り合わせて、兜の形にして、油で揚げます。五月五日に食べる「かしわ餅」は、小豆餡をはさむという点が違うだけで、この「餢飳」がそのまま伝えられたもの。神饌菓子としても重要で、各地の神社に今でも残されています。

②糫餅《まがり》＝江戸時代の『貞丈雑記』に、「まがりというものあり。糫餅と書くなり。もち米の粉をこねて、細くひねり、輪のごとくして、胡麻の油にてあげたるものなり。そのかたち、輪のご

とく、まがる故にまがりという」とあり、牛乳や水飴などで甘味をつける場合もありましたから、極上の味わいで現在のドーナッツといってよいでしょう。「口に入れれば、即ち砕け、もろきこと雪のごとし」と表現される場合もあり、最高の美食だったようです。

③**結果**《かいなわ》＝唐菓子の中では古株で、奈良時代にはすでに中国から伝えられ、上流階級で人気になっています。小麦粉を練って、緒を結んだような形を作り、油で揚げてあり、甘く味がついています。

④**索餅**《むぎなわ》＝『和名抄』には、「むぎなわ」とありますが、「さくべい」とか「さいべい」とも読んでいます。小麦粉を練って、細長くねじり合わせて作り蒸したもので、現在の「そうめん」や「うどん」の原型。『今昔物語』に、「策餅」が蛇に化けた話があるくらいですから、現在のうどんよりも太かったのは確かなようです。都の一般の人たちにも広くもてはやされ、東西の市場でも「索餅」が売られていました。

⑤**粉熟**《ふずく》＝『源氏物語』にも、「宮の御前にも浅香の折敷《おしき》、高杯《たかつき》どもにて、粉熟まいらせ給えり」とあります。干飯の粉、ささげ、干し柿、なつめ、ごま、干し栗、煎り豆などをよ

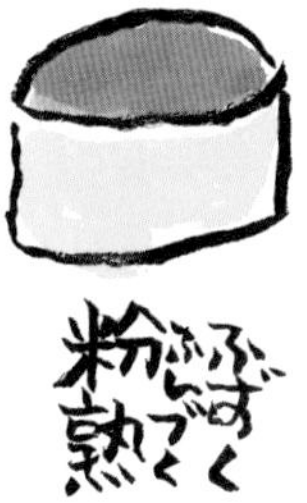

く搗《つ》き合わせ、あまずらで甘味をつけてから蒸し、竹筒に入れて、押し出し、切って器に盛り合わせます。『嬉遊笑覧』には、「粉熟は、五穀を五色にかたどりして粉にし、餅になしてゆで、あまずらをかけて、こね合わせ、細き竹の筒をして、その中にかたく押し入れ、しばし置きて突き出す」とあり、味が極めて甘味なところから、後世まで盛んに作られた古代菓子。紫式部や清少納言たちに、大変人気のあったケーキです。

⑥**餅餤**《へいたん》＝デラックスな料理菓子で、野鳥の肉や卵、それに野菜類を煮合わせて味をつけたものを餅の中に入れて包み、食べやすく四角に切り揃えて作ります。不老長寿を願って食べていました。なお、「清少納言」の項にも登場してくる菓餅で、彼女の好物だったようです。

⑦**餺飩**《ほうとん》＝小麦粉を水で練り、手でちぎって湯煮しただけのごく簡単なもの。「ほうとん」を「うどん」の一種とする見解もありますが、中世の記録に「ほうとん、うどん」とあり、別のものとみてよいようです。山梨県の「ほうとう」は、餺飩の流れをくむものでしょう。

⑧**粔籹**《こめ》＝一名「おこしこめ」。強飯をムロに入れて麹にすることを「寝かす」といいますが、それとは反対に、米を煎って「ふくらます」から「起こし米」というと『嬉遊笑覧』にあ

ります。製法もその通りで、もち米を煎って水飴でかためたもの。今の「おこし」のルーツであり、当時から宮中の女官たちに人気のあるお菓子でした。
⑨煎餅《いりもち》＝『和名抄』に、小麦粉を練って円形にし、油で揚げたものとあり、現在のせんべいほど固くはなかったようです。

以上の唐菓子や菓餅のいくつかは、後世にも伝わって、和菓子の基礎にもなりましたが、時代の嗜好に合わず、自然に消滅していったものも少なくありません。しかし、現在のように、甘味過剰で柔らかい西洋ケーキ類が全盛になりますと、もう一度、お菓子の原点に帰って、その素朴な味わい、自然のままの栄養を試してみるのも意義のあることではないでしょうか。

唐菓子の主成分は、炭水化物が中心。体内でブドウ糖になり、脳の活性化に欠かせないエネルギー源になります。情報化時代や人工知能に対応するための「ブレーンフード（頭脳食）」そのものといってよいでしょう。

その六

『源氏物語』の完成、そして紫式部の他界

●紫式部の越前ごはんのメニュー

長徳二年（九九六）、父の為時は越前（福井県）守に任ぜられて任地にくだります。紫式部も越前に行くことになりますが、事前に情報を得ていたとはいい、現地に入ってみると、風景から言葉遣いまで、目新しく感じられるものばかり。

おだやかな京の都のたたずまいとは違って、荒々しい北国の海や山々が視界に入ってきます。生命が躍動している風景が、感性の豊かな彼女の心に響き、表現力がいっそう強化されたのではないでしょうか。

越前の海は、豊かでした。

大好物のイワシやサバなどの海産物が、脂が乗っていて、驚くほど美味なのです。

越前地方では、浜焼きのサバが今でも有名ですが、当時からあり、脂ののったイワシと共に、毎日のように食膳にのっていたことでしょう。

昔は、小浜で水揚げされたサバやイワシ、カレイなどを塩にし、背負って京の都へ運んでいたほどで、その味加減のよさで、都の人たちに人気がありました。

紫式部が京の自宅で、イワシ大嫌いの夫に隠れて食べていた丸干しのイワシも越前産だったはず。父と同居の越前での生活は、あらゆる面で満足で、毎日が楽しかったことでしょう。どのようなメニューだったのか、「紫式部の越前ごはん」を再現してみましょう。

◉紫式部の越前ごはん

・主食＝姫飯（白米を普通に炊いたご飯）。
・汁物＝越前名物の里芋とネギの入った未醤《みそ》味の汁で、当時は「羹《あつもの》」と呼んでいます。
・焼きもの＝切り身の干しサバを焼いたものが多い。かわりにイワシを丸ごと未醤（味噌のルーツ）とショウガで、やわらかく煮た料理にしてもよいでしょう。
・あえもの＝ワカメの酢未醤（未醤）あえ。
・煮物＝大根と昆布、煮干の煮物。
・煮物＝ごぼうの未噌煮。

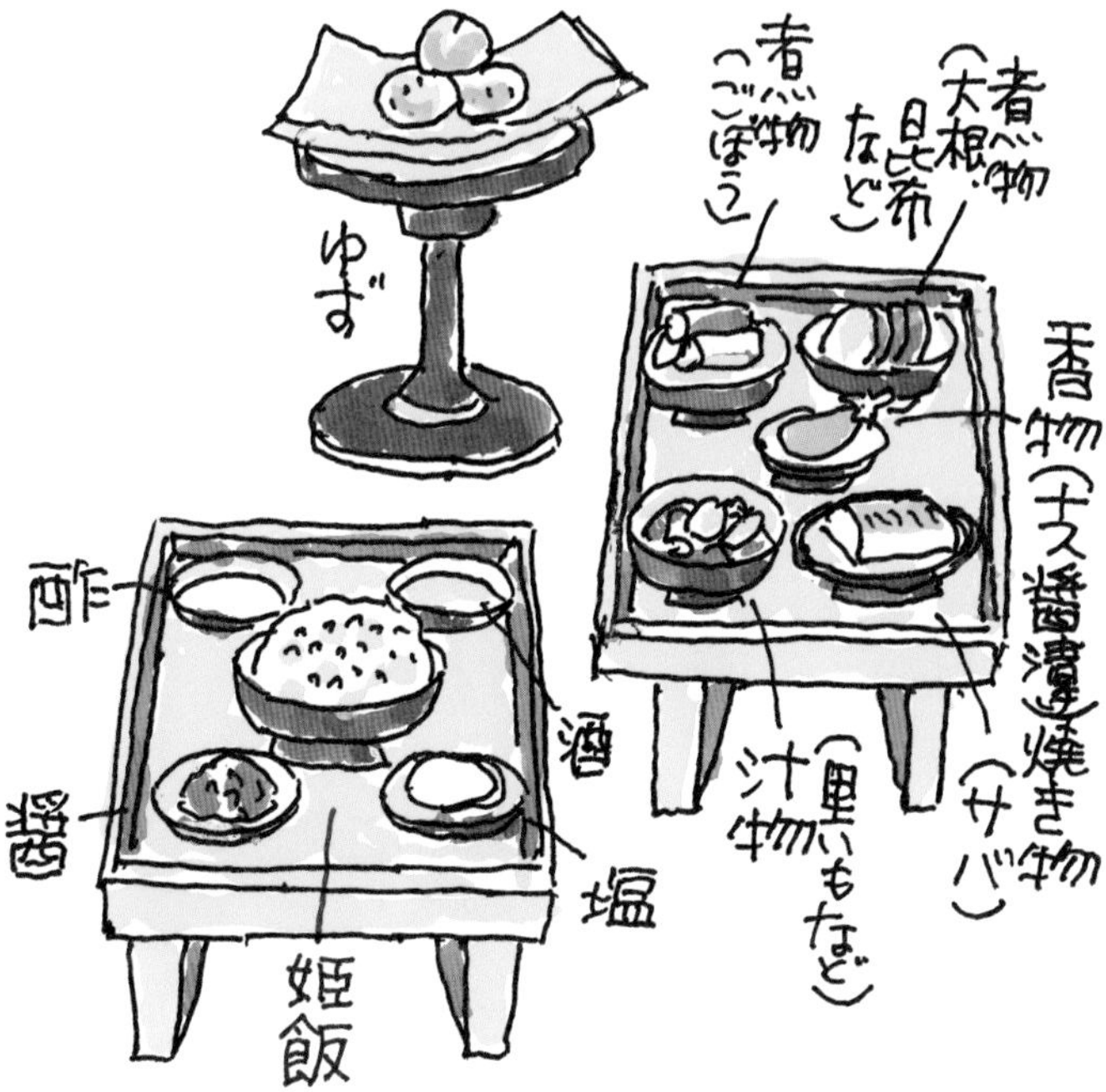

紫式部の越前ごはん

イワシのやわらか煮は、頭から丸ごと食べられますから、全身の血行をよくし、記憶力や創作能力を高めるDHA（ドコサヘキサエン酸）などをたっぷり摂取することができ、言ってみれば彼女の「ブレインフード（頭脳食）」になっていたようです。あふれるばかりの創造力や深い洞察力を養っていたのです。

●人気沸騰の源氏物語

長徳四年（九九八）の春に帰京。同じ年の秋、前から言い寄られていた藤原亘孝と結婚。翌年に女子を生んでいます。ところが、夫は三年たらずで死去したために、父の邸宅に戻り、子育てをしながら独居生活を始めることになります。

そして、孤独をなぐさめるために『源氏物語』の執筆にとりかかりました。『源氏物語』は、未婚時代にすでに書を書き始めていたようですが、本格的に執筆するようになったのは、夫と死別後です。

寛弘二年（一〇〇五）に一条天皇の中宮彰子《しょうし》のもとに宮仕えすることになったのは、紫式部が三六歳のころ。

『源氏物語』執筆のためもあり、彼女は出仕と退出をくりかえします。

出仕すると、待ちかまえていたように、書き続けた物語を彰子や女性たちが回し読みをし、展開の面白さから、その人気はいっそう高まります。

『源氏物語』は、寛弘七年（一〇一〇）ころには完成したとみられ、その後の長和二年（一〇一三）には宮仕えを辞しています。その翌年、正月には病気になられた彰子のために清水寺に参籠し、その年の二月ごろに四五歳で没したとみられていますが、確かではありません。当時の平均寿命は四〇歳くらいと推測されますから、紫式部は少しばかりではありますが、長命だったと考えられます。

第三章

小野小町の金を惜しまぬ美容食

小野小町の
美容食には
熊の掌や
亀の尾(スッポン
か)
うなぎ、
うずらのスープ、
鯉料理など
コラーゲンの多いもの
が並んでいました。
な

●「頭脳食」と「超高価な美容食」

若返ることによって、お肌やロングヘアが色艶を増し、さらにどんどん長生きできるなら、これほどの「人生極楽」はありません。

頭脳のメカもいっしょに若返り、とことん面白い発想も無尽蔵に湧いてきます。

ＡＩ（人工知能）の時代です。

卓越したブレーン（頭脳）にするため、平安朝の美しい才女たちは、脳が喜んで共力してくれる栄養の多い食物を、本能を働かせてセレクトしていました。

ＡＩに負けないワーク（仕事）をするための頭の働かせ方のヒントが、平安王朝食文化の中にたくさんあることを知って、どんどん進化する時代に役立ててほしいのです。

クレオパトラや楊貴妃と並んで世界の三大美女と称される小野小町が、他のどの時代でもなく、平安時代に登場したのは意味がありました。ユニークで華やかな王朝文化と食文化が、絶世の美人を誕生させたのです。

宮女たちは、頭脳力を高め、表現力を豊かにして、美と長寿を生み出す効果の高い料理を活用する食べ方をよく知っていました。その中には、牛乳加工食品の「蘇《そ》」もありました。

王朝の美女、才女たちは、具体的にどのような食生活をしていたのでしょうか。ワクワクしながら解明してみましょう。

まず、伝説の美女で、平安時代を代表する小野小町は、美しい容姿の衰えを恐れ、来る日も来る日も、美容効果の高い料理を必死になって食べていたのです。

●百代通《ももよかよ》いをしても小町と恋をしたい

小野小町の美しさは都中の評判となり、若い貴族たちは、ひと目でもよいから会ってみたいという思いにとりつかれ、ふらふらと徘徊する者も少なくなかったと伝えられていますから、並の美しさではありません。

小町の美貌が卓越していたため、中世以降になると、「草子洗小町」や「通小町《かよいこまち》」「卒塔婆小町」など、謡曲の題材にもずいぶんとり上げられています。

中でも有名なのが、「通小町」。小町に恋をした深草少将《ふかくさのしょうしょう》が、「一日も休まずに私のもとに百夜《ももよ》通いをしてくれたら、あなたの胸に抱かれましょう」と言われ、雨風にもめげず「百夜通い」をしますが、最後の夜に精魂尽き、雪の中で凍死してしまうというストーリー。

小町は、そのくらいに魅力のある女性だったのです。

しかし、小町は若さがもたらす美しい容姿のはかなさをよく知っていました。そして、『古今和歌集』や『百人一首』などで、よく知られた次の歌を作るのです。

花の色は移りにけりないたずらに
わが身世にふるながめせしまに

「花の色」は単なる「花」ではなく、作者の容色も含まれています。「花の色も、私の美しさも、もう消え失せてしまいましたわ。物思いにふけりながら、自然をながめているうちに、雨にうたれて散っていく花のように、すっかり衰えてしまいました」というほどの意味。

どれほど美しい女性でも、やがて老いの現実を自覚する時が、必ず来ます。美しさの絶頂のころのわがままを悔やんでも、老いの孤独から逃れることはできません。

身のまわりから男たちも去って行き、今は独りぼっち。さきほどの小町の歌は、その嘆きがテーマになっています。

小町
熊の掌を
食べて
コラーゲン
美女となる。
な

●熊の掌を食べて激しい恋

美しさを保つためには、何をすればよいのでしょうか。小町は悩みました。その結果、若返り効果の高い料理に着目したのです。

それを裏付けるような平安後期に成立した『玉造《たまつくり》小町《こまち》子壮衰書《こそうすいしょ》』という書物があります。小野小町をモデルにしたとみられる玉造小町が主人公ですが、美しさの全盛期には、さる金満貴族に寵愛され、栄華をきわめたというストーリーになっています。

玉造小町の食膳には、いつも高価な山海の美味珍味が山ほど盛られていましたが、彼女の求める料理は決まっていました。若さの衰えを防ぎ、美容効果の高い料理が中心となり、さらに長寿食も加えられていました。

小野小町は謎が多く、生没年も不明ですが、実は不老長命で一〇〇歳近くまで生存していたという説もあります。

豪華なメニューが細胞レベルで若返りや長寿にも役に立っていた可能性があります。

前出書に出てくる料理には、高タンパク質やアミノ酸、コラーゲン、ビタミン、ミネラルなどの多い食材が用いられているのです。

●玉造小町の主な「超豪華なメニュー」

主な、玉造小町メニューを『玉造小町子壮衰書』から紹介してみましょう。

◉**ご飯**＝主食は白米飯と赤米飯があり、いずれも蒸した強飯で金の椀に盛られています。

◉**膾**《なます》＝緋鯉《ひごい》の肉を薄切りにして盛った料理で、現代の極薄切りにした刺身。酢味噌で味わうと美味。

◉**鮪**《まぐろ》**のぬたあえ**＝マグロの酢味噌あえで、現在でも人気があります。

◉**鰹**《かつお》**の煮凝**《にこごり》＝カツオを煮込んで、その美味な煮汁を冷やしてゼリー状に固めたものです。すりショウガ汁を加えて固めると、さらに美味になる。

◉**煮鮑**《にあわび》＝アワビを丸ごと柔らかく煮た料理。タウリンが多く、目の老化を防いで心臓を丈

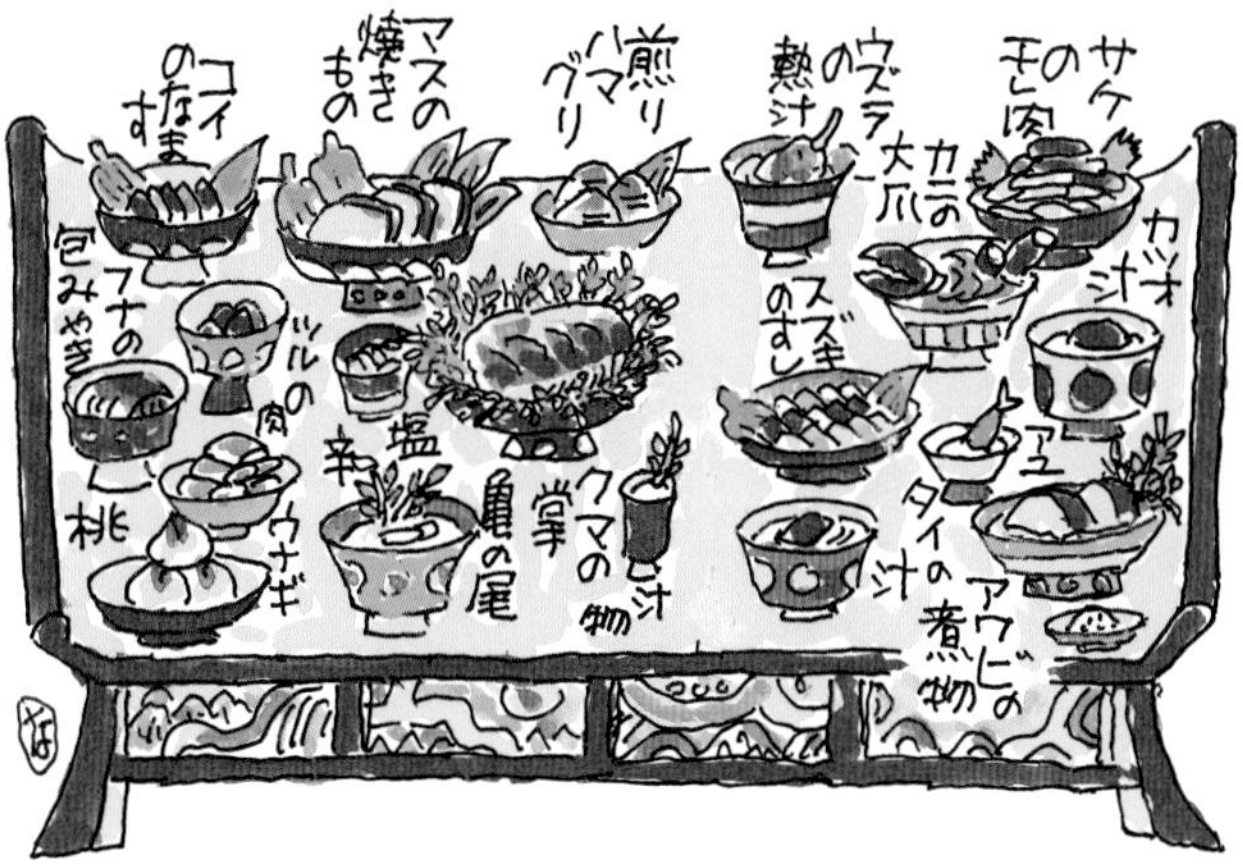

夫にする働きがある。

◉**雉《きじ》の汁物**＝キジ肉で作った汁物で、体の老化を防ぐカルノシンが多く、肌のみずみずしさを保つコラーゲンも豊富に含まれています。

◉**鰻《うなぎ》のなれ酢**＝ウナギのなれ鮨で、古代から中世にかけて人気のあった加工食品で、アミノ酸やコラーゲンが多い。

◉**焼き蛸**＝焼いたタコで女性の好物。強心作用があるとして珍重されるのはタウリンを含むためで、視力の老化を防ぐ作用も期待されています。若返りのビタミンEや美肌作用のナイアシンも含まれています。

◉**鮭《さけ》の条《すわやり》**＝魚肉を細長く切って干したものが条で、楚割《すわやり》とも書きます。細長く切って作るためで、に「魚条」とも書きますが、『和名抄』には「魚条、すはやり」とあり、貴族たちの人気フードでした。
赤い色素には、若返りとか厄除けの力があると信じられていました。事実、赤い色はアスタキサンチンという抗酸化成分で、体や脳の細胞などが酸化してサビるのを防ぐ成分。つまり、若返り効果の高いのがサケの赤い肉なのです。
EPA（エイコサペンタエン酸）やDHA（ドコサヘキサエン酸）も多く、血行をよくしたり、物忘れなどを防ぐ上でも貴重な成分が、サケの肉にはたっぷり含まれています。

◉鮎《あゆ》の煮物＝香りのよい川魚のアユを煮物にしたもの。清流の代表魚でたいへんに美味で香気がよいところから、平安貴族の間では人気があり、官女たちにも好まれていました。アユには毛髪の美しさを支える上で欠かせないタンパク質、それにミネラルのカルシウムや亜鉛などがたっぷり含まれています。

◉鯛の汁物＝脂が乗ったタイの熱汁。天然のタイは、好物のエビやカニに含まれているアスタキサンチンという赤色色素によって、体の表面が美しい赤になっています。この赤い色素には、強い抗酸化力があり、老化防止や生活習慣病の予防などに期待されており、皮膚や髪の若返りなどにも役立っています。もちろん、血液サラサラ効果や頭脳力の向上に役立つ、EPAやDHAも豊富。小町が好んで食べていたのも納得できます。

◉**鶉《うずら》の吸い物**＝ウズラの肉で作った吸い物でタンパク質やコラーゲン、ビタミン、ミネラルなどが多く、美容効果が高い。
◉**煎り蛤《はまぐり》**＝焼きハマグリで、心臓を丈夫にして血圧の安定に役立つタウリンが多い。タウリンは視力の疲労回復にも役立つといわれ、目を酷使する平安才女たちにとってはタコやハマグリは役に立っていたのではないでしょうか。
◉**熊の掌《てのひら》**＝クマの手のひらの柔らか煮で、シチューのような高級料理。玉造小町のメニューの中で、もっとも注目されるのが、この「熊の掌」。現在でもクマの掌は超高価な食材ですが、究極の美容食といってよいでしょう。「王朝メニュー」の中のメインディッシュです。

お肌の美しさを保つなど、若返り効果の高いコラーゲンやアミノ酸、ミネラルなどが豊富に含まれています。コラーゲンはタイやマグロ、サケ、アユ、ウナギ、コイ、ウズラ、キジ、アワビなどにも多く、王朝メニューにはコラーゲンの多い食材が用いられていることがわかります。

コラーゲンはお肌の若さを保つだけではなく、目や血管、心臓などの老化を防いで若さを保つ働きもあります。多彩なコラーゲン効果を高めてくれるのがビタミンCで、こちらも玉造小町はフルーツを通して食後に食べているのです。

ご存知のように、ビタミンCには細胞の酸化を防いだり、免疫力を強化するなどの働きもあり、宮中生活で病気を防いで、健康な生活をする上でも役に立っていました。

「王朝メニュー」の食後に出されたフルーツは、スモモ、ナシ、アンズ、ナツメ、ユズ、ウリ、タチバナ、干しガキ、干しグリなどで、いずれも完熟して甘味の多いものです。これらの果物は、抗酸化成分や消化酵素、食物繊維などを補給し、腸を整える上でも効果がありました。

●「令和小町」になりたい方に「豚足料理」をおすすめ

玉造小町と小野小町が同一人物であるかは不明ですが、いずれにしても、ぜいたく三昧な美容料理を口にし、季節のフルーツを食べていれば、いくつになっても容姿の美しさは衰えなかったでしょうし、かなり長生きできたとしても、不思議ではありません。

しかし、このような快楽の生活が長続きするはずがありません。男達も去り、若さも失せていきました。

京の都に別れを告げる時が来たのです。

老いた小町は、秋田にある故郷を恋しく思うようになり、ひとり杖を頼りに北の国へ向かいます。秋田県の湯沢市（旧雄勝町）は、小町の生誕地として伝えられ、彼女は同地で先祖供養をしながら、ひとり暮らしをしていましたが、やがて年老い死の近いことを悟ります。

小町は、静かに身を清めて、山中の岩屋洞にこもり、その花やかだった生涯を閉じたと伝えられています。平安時代の昌泰三年（九〇〇）で、九二歳だったそうです。

好んで食べていたコラーゲン料理とビタミンCの美容食が、小町の長生きを支えた長寿食ともなっていたのは間違いありません。何とすばらしい生き方でしょう。平安時代であろうと、現代であろうと、長く生きていれば、人生いろいろあります。

それらを乗り越え、誰にも迷惑をかけず、認知症やフレイル（虚弱）にもならずにひとりで生きるのは立派です。

小町のメニューから学ぶ点はたくさんありますが、そのひとつがコラーゲンやアミノ酸を含む料理が多いという点。これらを活用しながら老化の進行にブレーキをかけ、一〇〇歳になっても頭脳力をはじめとする身体機能の維持に役立てる可能性が高くなるということです。

クマの掌を用いなくても、それに近い食材の豚足やニワトリの手羽先などがありますし、タイやサケ、ウナギ、マグロなどのあら（頭部、中骨、かまなど）を用いればよいのです。

豚足は、沖縄の郷土料理としてもよく知られていますが、昔から長生きに役立つ「老人食」と呼ばれるほど、長寿効果の高い人気料理になっています。

豚骨を骨ごとぶつ切りにして、水に酒も加えて、じっくりと煮込み、醤油、黒砂糖などで味をつけた料理で、皮もついていますから、ぷりんぷりんしていて、まるでコラーゲンのかたまり。食後にイチゴやミカン、ブドウ、カキ、レモンなど季節のフルーツを添え、ビタミンCを補給すれば、理想的な美容食であり、長寿食。

「小町ごはん」を食べて「令和の小町さん」と呼ばれるくらいに、若返ってみましょう。もちろん、男性だって若返りの期待ができますから、ご安心下さい。

第四章

清少納言は自然派グルメで長生き

●京の都の大きな〝肉まんじゅう〟

清少納言の『枕草子』は、日本最古の随筆集であり、紫式部の『源氏物語』と並んで、王朝文学の最高傑作といってよいでしょう。

春は、あけぼの。やうやうしろくなりゆく山ぎは、すこし明かりて、紫だちたる雲の、細くたなびきたる。

同書のみずみずしい書き出しです。

父は当代屈指の歌人であり、学者として知られた清原元輔《きよはらのもとすけ》。彼女が生まれたのは父が五九歳の時で、康保三年（九六六）とみられています。

それにしても、随分歳をとってからの子で、六〇歳近い父親の若さには驚きます。一般的にいっても、平安貴族たちの男性ホルモンであるテストステロン値は、同年代の現代人よりも高かったと思われます。それを示すのが、一夫多妻制でした。

『源氏物語』の主人公である光源氏の恋の遍歴をみても、いかに男性ホルモン値が高かったかがよくわかります。

男性ホルモンの原料は、アルギニンを中心とするアミノ酸類ですが、当時の貴族食をみると、これらが含まれているものが少なくないのです。

たとえば、乳加工食品の「蘇」や魚のイワシ、サバ、タイ、それにアワビなどの貝類、カモやキジなどの鳥、シカやイノシシなど肉類などです。クルミやクリなどの木の実、醤などの大豆発酵食品にも豊富に含まれています。

『枕草子』の中にも、女性目線の食物の記述が多く、清少納言の好みがわかると同様に、それらの食物は多くの宮仕えの女性たちの好物であり、紫式部なども食べていたのは、言うまでもありません。その具体例をあげてみましょう。

◉**若菜**＝正月行事の「若菜摘み」はよく知られています。ふだんでも若菜摘みは、冬から春にかけて行われ、摘み取られたセリなどの若菜は、熱汁などに用いられ、ビタミンCや抗酸化物の供給源として大切でした。

◉**梅**＝『枕草子』の五二段の「にげなきもの（不快な感じのするもの）」の中に、出てくる梅で「歯もなき老女の梅を食ひて、すがりたる」とあります。「歯もない老女が梅の実を食べて、酸っぱがっているのは、みっともないことだ」という意味。酸味のもとはクエン酸などの有機酸で、血行をよくして老化防止効果があり、この老女は長生きしたに違いありません。

◉**蓬**《よもぎ》＝六七「草は」の段は、草づくしがテーマであり、その中に「蓬いとおかし」とあります。ヨモギは五月の節句に悪霊よけに用いられますが、草餅の草としても人気があります。平安時代の『和名抄』には、「一名医草」とあり、老化を防ぐ「長寿草」として、古くから人気があります。

◉**青**《あお》**ざし**＝二一六段の「四条の宮におはしますころ」の中に、「青ざしといふ物を、持って来たると」とあります。「青ざし」は古代菓子の一種で、青麦、つまり、麦の未熟な実を煎り、皮を除いて粉にし、細長くして甘味をつけたものです。

◉**かりのこ**＝二二三段の「わが心にもめでたくも思ふ事を人に語り」の中に、「かりのこ食はぬ人もあんめり」とあります。「かりのこ」は鳥類の卵のことで、水鳥の卵、特にガンの卵を指していたようです。「鳥の卵を食べない人もあるようだ」という意味ですから、王朝貴族の間には、卵を食用する習慣があったことがわかります。タンパク質やビタミン類の供給に大切だったと思われます。

◉**汁物**＝三一三段の「たくみの物食ふこそ、いとあやしけれ」に、「まづ、持て来るやおそきと、汁物（現在でいったら味噌汁）取りて、みな飲みて、土器《かわらけ》（容器）はついすえつ」とあります。「まず、飯などの盛られた膳を持ってくるが早いか、汁物を取って、皆飲んでしまった」という意味で、米飯に汁物は欠かせませんでした。「たくみ」は職人の意で、ここでは「大工さん」のこと。

◉**あわせ**＝三一三段にある「おかず」のこと。塩イワシや里芋、ゴボウ、大根などの煮物が多かった。

◉**くるみ**＝清少納言も紫式部も好んだナッツ。一五八段に登場。固い殻を除くと、そのまま食用になり、油濃い味わいと共に女官たちに人気がありました。クルミの約七〇パーセントは脂質で、血行をよくしたり、記憶力や創作能力を強化するために役立つ成分が多い。このためクルミは「健脳食」と呼ばれたりもします。

◉**餅餤《へいだん》**＝一三六段の「頭《とう》の弁《べん》の御もとよりとて」の中に「餅餤という物を二つならべて包んだもの」という記述がある。「餅餤」は文字が示しているように餅の一種で、『和名抄』には餅の中に野鳥の肉や鴨の卵、それに野菜を混ぜて煮合わせて調味したものを入れて包み、四角に切ったものと出ています。現在でいったら、中華料理の大きな「肉まんじゅう」のようなものと考えてよいでしょう。位の高い貴族などの高級料理で、めったに口にすることのできないご馳走でした。鳥肉、卵、野菜が入っており、不老長寿の食というような意味も込められていたようです。

◉**くだ物**＝一四三段の「つれづれなぐさむもの」の中に「くだ物（フルーツ類）」は、心がやわらぐ物とあります。フルーツのほどよい甘さが宮仕えで重なるストレス解消に役立っていたのです。紫式部も果物が大好物でした。当時のフルーツには、イチゴ、モモ、カキ、ウメ、タチバナ、ナツメ、ウリ、ヒシなどがあり、ビタミンや抗酸化成分、食物繊維の供給源としても重要でした。

餅餤《へいだん》
現代の
肉まんじゅう
のようなもので
たいへんに美味。

◉**布**《め》＝八八段の「里にまかでたるに」の文中に「台盤《だいばん》（四脚を備えた横長の食卓のこと）の上にあやしき布《め》のありしを」とあります。「布」はコンブやワカメなど食用になる海藻類の総称で、ビタミンやミネラル、食物繊維などの豊富な長寿食です。

◉**ひろき餅**＝九一段に「果物、ひろき餅などを与えたところ、大変に仲よしになって」とあり、果物や餅をあげたところ皆に喜ばれたという意味。フルーツにしても、餅にしても、おやつ感覚の食物で喜ばれていたのです。「ひろき餅」は薄く広くのばした餅、つまり、のし餅のこと。

●夏は「削り氷」

前にも述べましたように、清少納言は、父が五九歳の時の子であり、父の年齢から考えても末子だったと思われます。

彼女は幼少のころから才気煥発なところがあり、父に可愛がられて教育されることが多く、加えて漢学者の兄を持つという家庭環境の中で、文学的な才能をぐんぐん伸ばしていきます。

一六歳の時に、橘則光と結婚し、次の年には一児をもうけますが、彼女にとっては、よき母親である女の幸せには、どこか満足できないところがありました。自分の能力を発揮できるところで働きたいという思いが、日々強くなっていきます。

やがて、父親の死の知らせが、任地の肥後（熊本県）からとどきます。八三歳という、当時としては驚くほどの長寿でしたが、都で活躍したいという、強い望みも達せられないまま、失望の死でした。

父の果たせなかった夢を、自分が宮仕えをしてかなえようと決心した彼女は、夫のもとを去り、正暦四年（九九三）に、一条天皇の中宮定子《ていし》のもとに出仕するようになりました。

もともと、華やかな雰囲気の好きな彼女にとって、宮廷生活に慣れるのも早く、頭角を現すのもこのころからで、二十代後半のこと。

当意即妙の才気とユーモアで、たちまち、中宮サロンの花形となります。

彼女の『枕草子』も、中宮から「これに何か書いてみよ」と言われ、巻紙をもらい「枕にでもしようかしら」と、ちょっといたずらっぽく笑いながら、書き始めたのが、その由来と伝えられています。

それをきっかけに、彼女の天賦の感性と表現力がほとばしります。

たとえば、『枕草子』の中の「あてなるもの」の段に、「削《けず》り氷《ひ》の甘葛《あまづら》に入りて、新しき金鋺《かなまり》に入れたる」とあり、同じ文章の中に、「いみじう美しき児《ちご》の、いちご食ひたる」という描写もあります。

「あてなるもの」は「上品で美しいもの」で、その例を二つあげています。

前者は、「新しい金属製のお椀に削った氷を入れ、そこへあまずらという一種の樹液シロップをかけたもの」。

もう一例は、「とっても可愛らしい幼児が、イチゴを食べている様子」というもの。

「削り氷」は冬の氷を切り出して、日光のさし込まない山蔭などに穴を掘って貯え、夏になってから取り出して、削って作ったもの。貴族たちは、そのまま口中にしたり、酒に浮かべたりして、ぜいたくに暑さをしのぎました。

女性たちは、削り氷にあまずらをかけ、甘くして楽しみます。現代の「かき氷」とほとんど同じです。

甘葛は、つたのような植物で、冬にその樹液を採取して煮つめた甘味の濃厚なシロップのような液体で、「甘葛煎」とも呼ばれていました。

●才女はよく水を飲む

紫式部や清少納言、小野小町など、王朝の美女や知識人たちは、よく天然の生水を飲用しています。

特に谷川の走り水や滝の水など、ひんやりした清水を飲むことによって、肌が美しくなり、若返りの効果があると考えられていたのです。

現在でも、細胞レベルから若返りを図るには、一日に二リットルくらいの天然水をチビチビとこまめに飲用することが理想的といわれ、古くからの健康ことわざに、「一日に一升の水を飲むと老けない」があります。一升びん一本は一・八リットルですから、二リットルの見当はつくと思います。谷川の走り水ですと、天然のミネラルウォーターみたいなものですから、細胞からの若返り効果が期待できます。体内の水は、酸素や栄養成分を全身にくまなく運び、老廃物を排泄するなど、生命活動の若さを保つためには、欠かせないのが水なのです。

日本には、古くから「変若水《おちみず》」信仰があります。もちろん、平安時代にもあり、変若水というのは、若返りの霊力を秘めた水のことで、「変若」は「若く変わる」で、若返ることを意味します。

つまり、「変若水」というのは、若返ることのできる霊水で、その水を持っているのは月の神である「月読命《つくよみのみこと》」であり、月に近い滝の水により多くの変若水が含まれていると信じられていました。

『万葉集』に、次の作品があります。

命《いのち》を幸《さき》くよけむと石走る
垂水《たるみ》の水を結びて飲みつ

「私の命が、いつまでも丈夫で、長生きできますようにと、石に落下してしぶきを上げている滝の水を、両手を結んで飲みました」

という意味になります。

「変若水の信仰」は、現在のお正月に行われる「若水」の行事に受けつがれ、不老長寿の実現に、水の重要性を伝えています。

●長生きだったと推測される理由

紫式部や小野小町、清少納言など王朝の才女や美女たちは、酷暑の日などには、日陰でかき氷を水に浮かべて飲み、涼しさを楽しんでいます。女性の若さを保つために、水分の補給は欠かせないのです。

中でも清少納言は、よく水を飲む習慣があり、夜でもふと目覚めて、水を飲んだりしています。

「心ゆくもの」の段に、「夜寝起きて飲む水」とあり、「心ゆくもの」は、「気持ちのよいもの、胸がすっとするもの」で、「夜半に目を覚まして飲む水は、大変に気持ちのよいものだ」と言っています。

清少納言は、酒好みで、飲んで寝て、夜中に喉が渇いたのかもしれません。

主食のご飯も、通常の食べ方以外にも、季節によって変化させて、楽しんでいます。夏は「水飯《すいはん》」であり、冬は「湯漬《ゆづけ》」。

「水飯」は姫飯（普通のご飯）に、ひんやりと冷えた水をかけたご飯で、水は氷で冷たくする場合もあります。

「湯漬」は、米飯に湯をかけて食べるもので、寒気の強い冬に好まれました。現在のお茶漬けのルーツです。副食物は、まず「四種《ししゅ》の物《もの》」の醤、酢、酒、塩など四種の調味料が必ずつきますが、好みによっては、色利《いろり》と呼ばれる干しカツオを煮出して濃縮した汁か、大豆の濃縮煮汁のどちらかを、酒か塩に入れ替えて出します。これらの調味料で、料理やご飯の味をととのえて食べるのですが、実際にお粥で再現してみると、大変に旨味のあるお粥になり、おいしいです。

もちろん、四種の物の他にも、サケなど焼いた塩魚やナス、ウリなどの煮物が添えられますから、食が進み、栄養もしっかり摂ることができました。

食生活がよかったせいもあって、清少納言は大きな病気もせずに、宮仕えを続けています。ところが、彼女が仕えていた中宮定子が長保二年（一〇〇〇）に死去。彼女の身にも大きな変化が起こります。一〇年ほどの宮廷生活を送りましたが、寂しい退出となりました。

宮仕えを辞してからのことは、はっきりしていませんが、苦労しながら長生きしたようです。

鎌倉時代の説話集である『古事談』によりますと、若い貴族たちが、荒れ果てた彼女の家の前を通りながら、「清少納言も、落ちぶれたものだよなァ」と笑ったところ、彼女が白髪をふり乱して、鬼のような顔を出し、大声で叫びました。

「私は、今は零落して、馬の骨のようになってしまったが、私を優遇して、引き立ててく

れれば、駿馬のように働く能力は、まだまだあるわよ！」と言って、激しく反撃したと伝えられています。

清少納言は、老いてもなお華やかな世界への再デビューを願っていたのです。何と素晴らしい歳のとり方でしょう。外見は「年寄り」に見えたかもしれませんが、心と頭脳は「年寄らず」で、永遠の若々しいキャリアウーマンだったのです。

正確な没年は不明ですが、父は八三歳まで長生きしており、健康を意識した食生活を実行していた彼女は、さらに長生きしたのではないでしょうか。

※本章の構成については、特に『日本古典文学全集』（小学館刊）の「枕草子」（校注・訳　松尾聡先生　永井知子先生）を参考にさせていただきました。

第五章

和泉式部は味醤を食べながら激しい恋をした

あー
私また恋を
してしまったみたい
私が情熱的なのは
味醤のせいかしら
私、せつないわ……。

●美人で男に惚れやすい

「味噌は、女性を美しくする」

古くから伝えられてきた味噌の効果を示すことわざです。それを身をもって、証明してみせたのが、平安時代中期の恋に奔放な女流歌人として知られた和泉式部（生没年不詳）。

世の中は暮れ行く春の末なれや
　昨日は花の盛りとか見し

彼女の作品で「つい昨日は、桜の花の盛りだと思っていたのに、今日はもうあわただしく春が去って行く」という意味。

人生の盛りも、気づかぬうちに去って行くのね。なんだか私寂しいわ、という嘆きになっています。

父は教養のある中流階級の役人で、彼女は幼いころより表現力が豊かであり、両親より期待されて育ちました。

一六、七歳ころから歌才を認められ、男との交渉が増えて、恋多き色好みの女と噂されるようになります。そのような彼女の前に、かなり年上の和泉守道貞《いずみのかみみちさだ》が現れてプロポーズ、そして結婚。和泉式部という彼女のネーミングも、夫の職名である「和泉守」からきています。

一女をもうけますが、離婚し、自由になった彼女は益々美しくなり、恋も盛んになるばかり。男たちが、何かにつけて近寄り、求愛してきます。

彼女は同じ平安歌人の小野小町と似ている所が多い。二人とも美人で、男に惚れやすいという点です。自分の美貌を気にするあまり、老いを恐れ、若さを維持しようとして、食べ物、飲み物に気を配ったという点も似ています。

小野小町は、熊の掌や鯛の吸い物のようなコラーゲンの豊富な食材で作った料理を積極的に食べています。コラーゲンは、肌の若々しさを保つ働きがありますから、美容効果は大いに期待できます。

●大切にしていた味醤を恋人に贈る

小野小町のお好みの若返り食、熊の掌に対して、和泉式部の美容食は「味醤《みそ》（味噌の前身）」でした。

彼女は、自分の若さ、美しさを保って、男たちの関心を引き付けるための味醤を職人に作らせ、宝物のように秘蔵して、誰にもあげませんでした。

ところが、ある男に激しい恋をしたとたん、味醤ファーストががらりと変化してしまうのです。それを表しているのが次の作品で、『和泉式部集』に記されています。

歌題は「二月ばかり、味醤を人がりやるとて（二月ころ、味醤を人のもとに贈る時に）」となっています。

花に逢えばみぞつゆばかり惜しからぬ
　飽かで春にもかはりにしかば

「美しい花を見ると、私はもう夢中になってしまいますの。この味醤、私にとってはとっても大切なものですけれども、貴男のように素敵な方に差し上げると思えば、ちっとも惜しくはありませんわ」というほどの意味になります。

和泉式部が大切にしていた味醤は、そのまま口にしても、素晴らしく美味であり、食事ごとに食べては、若さを維持するために効果を上げていたのです。

平安時代の味醤は「未醤《みそ》」とも書き、同時代の『和名抄』によると、「美蘇《みそ》」と読み、「俗に未醤の二文字を用いる」とあります。

この大豆発酵食品は、アミノ酸が多く、しかも女性ホルモンに似た働きをするイソフラボンが含まれていますから、老化を防ぐ上でも役に立っていました。

●酢味醤でさらに美しくなった和泉式部

梅の花の咲くころ、和泉式部のもとに「若布《め》」を贈った男の方がいました。ワカメのことで、彼女の好物であることを知っていて、関心を引くためにプレゼントしたのです。

ワカメの贈り物を嬉しく思った彼女は、歌を作りました。タイトルは「春の初め頃、和布《め》と言ふものを、梅の花につけて、人のおこせたるに」。

花見ればこのめもはるになりにけり

耳の間《ま》もなしうぐいすの声

「ちょうだいした梅の花を見ますと、花が見事なばかりではなく、木の芽までふくらんで来て、もう春なのですね。どうりでにぎやかにうぐいすの鳴き声もいたしますわ」という内容になっています。

清少納言の『枕草子』にも「布《め》」があり、ワカメなどの海藻類であるのは言うまでもありません。

王朝のレディーたちは海藻がお好みだったようで、紫式部もワカメ汁を食膳にのせています。ワカメはビタミンやミネラル、食物繊維が多く、長寿効果がありますが、ヨウ素も豊富であり、ツヤツヤした髪やお肌を美しくする上でも役に立っていました。

当時、人気があったのが酢味噌あえ。

材料はタイやタコ、川魚のコイなどやネギ、ノビルなどの野菜や野草、ワカメなどの海藻類です。和泉式部は、酢味噌あえに美容作用があることから、積極的にとっていたのではないでしょうか。

彼女が、大豆発酵食品の味醤にこだわり、秘蔵していたのは、その美容効果を実感して

平安時代の才女たちは大変な美食家。魚肉乳製に多いタンパク質などが才能や美しさをととのえる上で役に立つことをよーく知っていたのです。

いたからで、独占したかったのです。

同時に、味醤に多い大豆アミノ酸が、彼女の情熱をかきたて、激しい行動力をサポートしていました。恋をすればするほど、彼女の美しさは輝き、男たちを魅了したにちがいありません。そのパワー源こそ、タイの生肉やワカメ、ネギなどの入った酢味醤あえだったのです。酢にも、全身の血行をよくして、お肌を若返らせる働きがあります。

●小豆の効果を美容に活用

和泉式部は「小豆ご飯」が大好きだったようです。

「小豆のおものという物を、火取りの桶

に入れて同じ頃（小豆ご飯という物を、火鉢のような暖房器具に入れて、同じ頃に）」というタイトルの作品を残しています。

かくばかりさゆるにあつきけのするは
ひとりのおものなればなりけり

『和泉式部集』中の作品で、「こんなに冷えて寒い日なのに、妙に熱気を感じられるのは、火取りの桶（火鉢のこと）に置いた小豆ご飯のせいですわ。そして、私は独りでいることを忘れないで」となります。

「小豆のおもの」は、小豆ご飯のこと。

当時、人気があったのが「小豆がゆ」で、行事の日以外にも、よく作られています。小豆で赤く染まった美しいご飯は、いかにも食欲をそそりました。

小豆にはビタミンB_1が多く、和泉式部の長時間の執筆からくる疲労の回復や肩こり、腰痛などを癒してくれていたはずです。

紫式部や清少納言などの才女も同じようなライフスタイルですから、疲れが仲々抜けないような時には、「小豆がゆ」を食べては、体に元気をつけていたのではないでしょうか。

小豆で注目されるのは、ビタミンB群の仲間の葉酸が豊富な点で、頭の回転をよくして創作能力を高める上で役に立ちました。

和泉式部の表現力、恋愛力、美貌力を支えていたのは、味噌、ワカメ、小豆の三点セットであることがわかります。

小豆の赤い色素はアントシアニンで抗酸化があり、老化を防いで若返りに役に立ちます。整腸作用の高い食物繊維も多く、こちらも若さを維持する上で効果があります。

その後も、彼女の男性遍歴はやむことはありませんでしたが、縁があって丹後守藤原保《やす》昌《まさ》と再婚し、夫の任地である丹後に一緒に下って行きました。ところが、夫婦仲は、あまり円満ではありません。結婚すると、夫は冷たくなり、都に戻ってしまい、帰って来ないのです。結局、二人は別れてしまいます。

原因は歳の差で、二〇歳前後離れており、本能のままに生きてきた彼女にとっては、物足らなさがあったのはまちがいないでしょう。

夫だった保昌は、七九歳で没したと伝えられていますが、その後、彼女はどのようになったのか、消息不明です。世をはかなみ出家したという説もありますが、山里で独居し、薬草売りをしながら長命だったとも伝えられています。
次の歌は『百人一首』で有名な和泉式部の作品です。

あらざらむこの世のほかの思ひ出に
いまひとたびの逢うこともがな

「私は、もうすぐあの世に旅立とうとしています。せめて、あの世への思い出に、もう一度あなたにお会いしたいのです」
和泉式部のひたむきな恋心を表しています。

第 六 章

在原業平《ありわらのなりひら》と共寝に焦《こが》れる老女は枸杞《くこ》を食う

●九九歳になった老女の激しい恋心

時はみやびやかな平安の時代。

都で日本一と評判の高い美男子に激しく恋をしてしまった九九歳の老女がいました。悲しい恋の物語です。しかし、予想もつかない展開となり、最後はとってもハッピーなエンドとなりました。

昔から、日本では小野小町というと美女の代名詞ですし、美男だと在原業平《ありわらのなりひら》（八二五―八八〇）ということになっています。

『伊勢物語』は、平安時代のプレイボーイであり、優れた歌人でもあった貴族の在原業平をモデルにした、その華麗な恋の遍歴を綴った歌物語です。

「むかし、男ありけり」で始まる話が多いところから、主人公が「昔男」と呼ばれたりもしています。もて男の業平は、各地で出会う女性と恋をしては性遍歴を続け、歌を作り続けます。

しかし、性愛は意外にくたびれるものなのです。いくら情熱が激しく、奔放といってもエネルギーの補給なしには行動を起こせません。いつの時代でも、好色な男は精力強化法を、特別な食物をとって実行していました。

たとえば、江戸時代の『好色一代男』の主人公である世之介の場合ですと、山イモ、生卵、ゴボウがスタミナ食でした。業平の場合、恋を楽しむためのエネルギーを生み出していたのが、当時の貴族たちの間で人気のあった「交菓子《まぜくだもの》」です。

クルミやカヤの実、干し栗、干しナツメなどの木の実や果物などを袋に入れた携帯食で、これを貴族たちは交菓子と呼んでいたのです。

クルミやカヤの実などには、若返りや強精効果の高いビタミンEがたっぷりだし、血行をよくする脂肪酸も含まれていて、記憶力を高める上でも役に立ちます。ナッツ類に多いアミノ酸のアルギニンも注目です。男性ホルモンの原料となる作用があるのです。

平安時代の医術書である『医心方』では、干しナツメの効能を次のように説明しています。

「久しく用いると、身体の動きが軽くなり、寿命を延ばす。仙人が服する神仙薬である」

当時、干しナツメは、全身の若返りに役立つ、最高の強化フードとみられていたのです。

●業平と一度でよいから共寝をしたい

恋はいつも楽しいものとは限りません。苦しむこともあり、その時の心境を次のような歌で表現しています。

秋の野に笹わけし朝の袖よりも
逢はで来《こ》し夜ぞひちまさりける

「後朝《きぬぎぬ》（共寝した男女が朝になって別れること）の別れを惜しみながら、野道の笹の露を押し分けて帰った時にも、淋しくて私は泣いた。けれども、逢うことができないで、むなしく引き返してわが家に戻って、泣き明かした夜の袖の方が、もっともっと濡れていた」という意味で『古今和歌集』に紹介されています。

都で評判の在原業平に、激しく恋をしてしまったのが、冒頭に登場した九十九歳の老女。『伊勢物語』の「つくも髪」のくだりに紹介されている年老いた女性です。

彼女は白髪の手入れをしながら、一度でよいから業平と共寝をしたいと、激しく願っていました。ある日、老女は淋しさのあまり、次のような歌を作ったのです。

さむしろに衣かたしき今宵もや

恋しき人にあはでのみ寝む

「敷物に衣をしいて、今宵もまた恋しい人に会わないままで、独り寝をするのでしょうか」という意味。恋しい人というのは、もちろん業平のこと。会ったこともないのに、都の女たちを騒がしている業平に恋をしてしまった老女の悲しい心境を表しています。

●「百年《ももとせ》に一年たらぬつくも髪」

自分に恋する老女の存在を知った業平は、哀れに思い、歌を詠むのです。

百年《ももとせ》に一年たらぬつくも髪
我を恋ふらし面影に見ゆ

「年老いた白髪の老女が、私のことを恋しく思っているらしい。それが面影に見える」という内容。同情した業平は、その夜、彼女のもとに行き、老女と共寝するのでした。

業平は、単なる色好みの男ではありません。心優しいヒューマニストだったのです。

なお「つくも髪」は老いたる老女の白髪のこと。

「一〇〇年に一年たらぬ」は九九歳で、世にも珍しいほど長生きしている老女のことですが、望みかなった彼女が、その後どうなったかは不明です。共寝をきっかけに、いっそう若返り、白髪も黒々となって、娘のように美しくなったかもしれません。

それにしても、老女の情念の強さには、驚きます。

男への恋慕だけを生き甲斐に、長生きに努力していたのです。業平と共寝するその日に備え、表情や体の若さ保つための方法を考えていたのではないでしょうか。

つくも髪の老女は、京都郊外の雑木林に囲まれたような田舎に住んでいました。

そのころ、都の貴族たちの間で、不老長寿の作用で知られた、赤い枸杞の実が人気を呼んでいました。

枸杞はナス科の低木で、秋に赤い小さな実をつけます。老女の住まいの近くの雑木林には、枸杞が群生していたのです。

彼女にとって、〝老恋〟をなしとげない限り、この世は去れないのです。体の老化を防ぐために、彼女は「不老長寿」の薬草を研究し、枸杞の実にたどりつき、活用していたのだと推測されます。

平安時代の医術書である『医心方』に、枸杞の効果について、次のように記しています。

「枸杞の赤い実（干したもの）を搗《つ》いて粉末とし、これを酒に入れておいて、日に三回服用します。十日たつと、百病が除かれ、二十日すると、身体強健となって、気力がまし、老人も血気のさかんな若者となるでしょう」

同書には、枸杞をとっていると、性欲も増すから用心した方がよい、ともあります。

●驚くべき枸杞の実の性欲増進効果

枸杞の実はゴジベリーと呼ばれ、免疫力をパワーアップしたり、老化を促進させる活性酸素の害を防ぐ長寿効果や美容作用の高いスーパーフードとして、アメリカなどの女性の間で大人気だそうです。

加齢による内蔵機能の低下を防いだり、美肌効果、血行促進、目の老化防止などにも役に立つことが知られています。

枸杞の驚くべき長寿効果が『医心方』に出ています。

地方から都に出て来た男が、奇妙な出来事に出会います。若い女が老女を棒で叩いている。男が乱暴を止めようとすると、若い女が「この女は私の曾孫《ひまご》です。家にある秘伝の薬を飲ませようとするのですが、飲まないのです。そのため、こんなに老けこみ、近ごろではよぼよぼが進み、歩くことも困難です。ですから、棒で打って何とかして、秘伝の薬を飲ませようとしているのです。困ったものです」と答えました。

男が、棒を手にする若い女に恐る恐る歳を聞くと、「私は今年で三七三歳になりました」と言って胸を張りました。

家にある「良薬」というのは「枸杞」だったのです。「枸杞」の長寿作用には驚きました。

「つくも髪」の老女の場合も、枸杞などの食のおかげで長生きし、人生の目的だった恋しい男との共寝も果たしました。とってもハッピーな人生だったのです。

一方の美女に追われ続けた業平も、やがて衰え、今や石段を登る時には息を切らすありさま。白髪も目立ってきました。そして、死の近いことを悟り、次の歌を作ります。

つひにゆく道とはかねてききしかど
昨日今日とは思はざりしを

「死が、人間最後には、誰でも行く道であることは知っていたが、昨日、今日と、こんなに速いとは思ってもみなかったなァ」

在原業平の没年は五六歳でした。

第七章

尾張浜主《おわりのはまぬし》は発芽玄米ごはんを好み、百十四歳で創作舞踏をひらりと舞う

●平安時代の長寿者たち

今でこそ、日本人は世界でもトップクラスの長寿民族ですが、歴史的にみると、戦前までの平均寿命は四〇歳前後であり、どちらかというと短命民族でした。

日本人の平均寿命が、五十歳の大台にのったのは、第二次世界大戦が終結した直後の昭和二二年（一九四七）で、男性が五〇・〇六歳、女性が五三・九六歳。

平均寿命を歴史的に見ると、古代から昭和初期までは、四〇歳前後が続きます。しかし、それはあくまでも平均寿命であり、いつの時代でも、とび抜けて長生きする人は少なくありませんでした。

江戸時代の浮世絵師として、国際的に有名な葛飾北斎は没年が九〇歳ですし、江戸初期の天海大僧正は一〇八歳でした。

歴史的にみれば、『万葉集』や『古事記』などの作られた奈良時代や平安時代にも一〇〇歳以上の長寿者が少なからず存在しています。

当時の正史である『続日本紀《しょくにほんぎ》』を見ると、高齢者への手厚い福祉行政が行われていたことがわかります。

和銅七年（七一四）の六月に、「すべての老人で一〇〇歳以上の者に籾《もみ》を五石、九〇歳以上の者に三石、八〇歳以上に一石をそれぞれ与える」とあるのです。

「籾」は「籾米」のことで、籾摺《もみす》りをして玄米にすると半分強くらいになってしまいますが、一〇〇歳以上の場合だと、三石近い玄米になりますから、一年間を楽に生活できました。

歴史的にみて、成人男性の米の消費量は年間一石で、老人のケースだとその六〇パーセントくらい。残りの米を換金すれば、生活費を軽くまかなうことができました。

政府による、高齢者に対する生活支援の行政は、奈良時代から平安時代にかけて実施されています。

●「ギャバ」の長寿効果を知るべし

平安時代の長寿者の中でも、きわだって長寿だったのが尾張浜主《おわりのはまぬし》という、音楽を奏でて舞い踊る役職の官人です。

浜主も正史にのっている人物で、平安初期に平安京大極殿の大舞台で、百十三歳という超高齢にもかかわらず、「和風長寿楽」を舞っているのです。これを見物する者は一〇〇〇人を超えたというのですから、当時の人々の長寿に対する願望の強さが理解でき

尾張浜主が
114歳になっても舞う
力があったのは
発芽玄米ごはんの
ギャバ・パワーを
とっていたからなのです。
ワッハッハッハーッ!

ます。

登場した時には、歩くこともおぼつかない老人と思われていたのに、長い袖を垂れて、舞に入ると、少年のように飛び跳ねて躍動し、見ていた人たちは、近来にないことだと言って、感動したといいます。

浜主は、二日後にも天皇に召されて清涼殿で長寿楽を優美に舞い、左右の人々は涙を流して見物したと伝えています。これだけではありません。

翌年も再び宮中に召されて舞っていますが、時の天皇は浜主の高齢を気づかわれて、官位を高位として授けたということです。

浜主はこの時点で百十四歳、その後の記録はありませんが、さらに長生きしたのは間違いありません。江戸時代の『一宵話《ひとよばなし》』に「尾張浜主こそめでたけれ、長寿也、風流なり」とあり、さらに「浜主の長寿は、中国の人たちの間でも評判になった」とも記しています。

当時の下級役人や庶民の場合、主食は玄米飯、あるいは、アワやキビなどの雑穀を混ぜた飯が中心です。

副食は旬の野菜や山菜、海藻などを用いた汁物に、里芋やゴボウなどの煮物、それに塩イワシやサバなどの焼き魚などで、意外に栄養的にしっかりしています。

尾張浜主の場合も玄米飯です。

当時の玄米の炊飯法は、一晩水に浸しておいてから炊きます。玄米を水につけておくと、胚芽が吸水して、発芽状態となり、栄養効果も高くなって、ふっくらと炊き上がり、かすかな甘味も出して味もよくなります。

その栄養作用は、現代人に人気の「発芽玄米」と同じです。注目したいのは、玄米を発芽状態にすることによって、アミノ酸の一種のガンマ・アミノ酪酸、通称「ギャバ」と呼ばれる健康成分が大幅に増えることです。

●発芽玄米ごはんのパワーで舞う

ギャバは、脳を元気にするブレインフード（頭脳食）としても注目されています。リラックス効果が高く、脳の発想力が自由自在となって、創造力が高くなるからで、新しいアイデアも面白いように湧き出てきます。脳の老化予防にも役立ち、最近では、増え続けている認知症の予防効果でも脚光を浴びています。

発芽玄米食が、浜主のスーパー長寿と演舞の新しいスタイルを生み出す上で役に立っていたのは、間違いありません。

発芽玄米には、浜主の御老体に元気をつけるビタミンB_1や葉酸、若返り作用のビタミンE、病気を防ぐ免疫力強化のミネラルの亜鉛、心臓の若々しさを保つ上で欠かせないマグネシウム、腸を元気する食物繊維などもたっぷり。

百十歳以上になっても、少年のように生き生きと舞うことができた基本的なエネルギー源が「発芽玄米ごはん」だったのです。

浜主は、エネルギー源の発芽玄米と共にしっかり食べていたのが、筋肉の原料となるタンパク質でした。

人間の老化は、筋肉の衰えから始まります。老化を実感するのも、たいてい足腰の筋力の低下からで、筋肉の量は負荷をかけないと、加齢と共にどんどん低下してしまいます。その状態が進むと、寝たきりになってしまう。

浜主の体にはしなやかな筋肉がしっかりとつき、年齢など関係なく、美しいラインで舞うことができたのは、筋肉の維持につとめたからで、それは同時に、長寿にも役に立っていました。

●大豆と魚で不老長寿

筋肉は、タンパク質で形成されています。

したがって、しなやかな筋肉を保つためには、食事ごとにタンパク質をしっかり摂る必要があるのです。

浜主の場合のタンパク質の供給は、魚のサケ、サバ、イワシなどと、植物性は大豆タンパク質が中心でした。大豆で作った発酵食品の未醤類や煮豆、きな粉などです。

国産大豆の場合、三五パーセントがアミノ酸バランスのよいタンパク質で、「畑の肉」どころか、肉以上に肉らしい食材とすらいえるのです。豚肉や牛肉のタンパク質は大体二〇パーセントくらいですから、大豆は優秀なタンパク質の供給食材といってよいでしょう。

浜主は演舞の功績によって官位も上がり、サケやサバ、イワシなどが米と共に支給されており、毎日のように食べることが可能でした。

注目したいのがサケで、赤い身に含まれているアスタキサンチンはカロテンと同じカロチノイドで、脳関門を通過できる珍しい抗酸化成分であり、傷ついた脳神経細胞を修復して老化を防いで若返らせてくれます。

これらの魚には、豊富なタンパク質に加えて、血液サラサラ作用のＥＰＡ（エイコサペンタエン酸）や、記憶力の衰えを防いで新しい舞いのモデルを創作する脳力を高めてくれます。

魚にも大豆にも、トリプトファンというアミノ酸が多く、幸せホルモンのセロトニンを生み出す力が強く、浜主は、いつもニコニコと笑いを絶やすことなく舞い続け、人々の幸福感を高めていました。だから、平安時代だけではなく、後世まで人気があったのではないでしょうか。

野菜系も汁物や煮物、香の物などでしっかりとっています。カブ、ネギ、ゴボウ、ダイコン、ニンニク、ノビル、里芋、山芋、ワラビ、キノコ、セリ、ユリの根、ナズナ、タケノコ、ニラ、ヨメナ、ショウガ、ミョウガ、クワイなどに加え、海藻類も何種類も料理し、日常的に食べています。

●尾張浜主の不老長寿法は現代人にも役に立つ

百十四歳の時に宮中で演舞した浜主の生き方は、現代人にとっても役立つ長寿法であり、整理すると次のようになります。


その一、生きている限り、体中の筋肉を使って、体の若さを保つ。

その二、浜主は百十四歳まで少年のように舞っており、筋肉の衰えは殆んどなかった。

その三、発芽玄米ごはんに含まれているギャバで、いつもニコニコ、ストレス知らず。

その四、日本人は世界でもっとも座っている時間が長いが、これでは健康寿命は延びない。動くべし、舞い踊って足腰を使うべし。

その五、サケに含まれているアスタキサンチンを摂り、細胞の酸化を防ぎ、不老長寿に役立てましょう。

その六、サバやイワシで魚油をとり、脳と血管の若さを保つ。

その七、魚と大豆のタンパク質で、一〇〇年機能する筋肉を作ります。

その八、浜主がよく食べていたワカメ汁には長寿に欠かせないミネラルと食物繊維がたっぷり。

その九、新しいこと（浜主の場合は創作舞踊）にチャレンジすることによって前頭葉を活性化させ意欲を高める。

その一〇、ニンニクのアリシンを摂って、病気に打ち勝つ免疫力を強くし、一〇〇歳になっても踊れる体力を強化します。

第八章

王朝びとの「スーパー長寿食」

●不老長生の食を『医心方』に学ぶ

王朝貴族や宮仕えの才女たちが、自分の健康管理や老化防止、若返り食などに役に立たせていたのが『医心方』という医術書です。

その中には、食物を「薬」のように使って、病気を防ぐ法、治し方、老化を遅らせて若返るための食物、長寿食などが紹介されていて、才女たちの大切な座右の書でした。

作者は平安時代の医師であった丹波康頼《たんばのやすより》（九一二―九九五）。『医心方』は、「五穀の部」の冒頭で、「穀類、畜肉類、果物類、野菜類は、これを用いて飢えを満す時には、これを食物というが、これを用いて病気の治療をする時は、これを薬という」とあり、まさに「医食同源」の発想であり、現代でも説得力があります。個々の食材をあげながら、病気を治したり、若返りや長寿を実現する上で、どのような薬効があるかを中国の文献を引用しながら記しています。

このすばらしい『医心方』を中心に、他の文献なども参考にしながら、現代にも役立つ王朝びとや才女たちの『スーパー長寿食』をあげてみます。

◉胡麻《ごま》＝老衰を防いで寿命をのばす

『医心方』の「五穀の部」のトップが胡麻であり、王朝の人たちにとっても、その栄養効果が絶大であったことがうかがえます。同書には、「久しく食べると、身体が軽くなって、老衰を防ぎ、寿命をのばす」とあります。黒ゴマは栄養の宝庫で、若さを保つビタミンEやビタミンB類がたっぷりな上に、骨を丈夫にするカルシウムや免疫力の強化に役に立つ亜鉛も豊富に含まれています。抗酸化成分も多いですから、若返り効果を大いに期待してよいでしょう。

平安食を食べていると、頭の回転がどんどんよくなるから面白いわよねー

◉大豆＝筋肉の若さを保つ

大豆には、動物性タンパク質に負けないほどのアミノ酸バランスのよいタンパク質が多く、筋肉の若さを保ち、長寿効果を高めています。頭の回転をよくするレシチンも豊富。『医心方』には、「大豆を初めて食べた時には、身体の動きが重いように感じられるが、一年もたつと軽くなって房事（男女の交わり）がよくなる」とあります。大豆には、男女ともに性的ホルモンを増やす成分が多いのです。

◉蕎麦《そば》＝内臓の汚れを防ぐ

『医心方』に「五臓の汚れを洗い流して、耳と目の働きをよくする」とあります。ソバに多いルチンという成分は抗酸化力が強く、細胞に発生し老化を促進する活性酸素の害を除去するパワーがあります。「ソバ好きは長生き」という古くからのことわざもあり、ルチンの長寿効果を伝えたもの。

◉米＝五臓の精（パワー）を強くする

「五臓の精を補い、顔色をよくして老衰を防ぐ。内臓を温め、大便をかたくする」と『医心方』に述べてあります。日本人の主食である米は、頭の機能を向上させる糖質の他にも、タンパク質やビタミンB類、マグネシウム、食物繊維など、多くの栄養素が含まれたマルチ食材といってよいでしょう。

◉醤《ひしお》＝体の熱を除き腹の調子をととのえる

「醤は多く大豆で作る」と『医心方』にあるように味醤のことで、大豆アミノ酸の豊富な発酵食品で、王朝の人たちは食事ごとにご飯に添えて食べていました。醤に含まれている麹菌や乳酸菌などが腸内環境をととのえ、免疫力をパワーアップして体の若返りに役立ちました。

◉柚《ゆず》＝さわやかな味わいで長寿をもたらす

不老長寿のビタミンと呼ばれるビタミンE、美肌作用や免疫力強化に欠かせないビタミンCの宝庫。『医心方』には、「身体の臭気を除き、精神をさわやかにして、寿命をのばす」とあります。

◉梅＝酸っぱいアンチエイジング効果

『医心方』に「腹の張りを除き、心臓を安らかにして、口に含んで口中を香ばしくする」とあります。梅干しは、殺菌や血行促進、若返り、唾液の分泌促進、免疫力の強化といった多彩な効果のある歴史的な健康長寿食であることが理解できます。

◉柿＝酒の飲み過ぎによい

「柿が赤くなると医師が青くなる」と言われ、健康管理に役に立ってきた。柑橘類に負けないほどビタミンCが多く、免疫力を強くして風邪やインフルエンザなどの感染症予防に役に立つ。『医心方』には、「やわらかい熟し柿は、酒の毒を下し」とあり、さらに「干し柿は腸胃を丈夫にし、内臓を健全にする」とあります。

◉胡桃《くるみ》＝肌がうるおい、髪が黒々となる

「日数を数えながら、だんだん食べていくと、気のめぐりをよくし、髪を黒くし毛を生やし、よく病気を治す。食べ続けると健康に肥えて丈夫になり、肌が美しく、髪も黒くなってくる」と『医心方』が記しています。クルミの約七〇パーセントは脂質で、卓越した若返り効果で話題のα《アルファ》―リノレン酸を豊富に含み、脳の血行をよくし、全身の血のめぐりをよくすることによって長寿作用を高めます。

◉薯蕷《しょよ》（山芋のこと）＝食べると寿命が延びる

『医心方』に、「五臓に力を与え、性交能力を強くする。長く食べていると、耳や目が明るくなり、身体が軽く、飢えに抵抗を増し、寿命を延ばす。一名を山芋という」とあります。また、「日に干してから、搗《つ》いて粉にしたものは、大変においしい」ともあります。ネバネバ成分とアルギニンが多く、どちらも強精作用があります。ジアスターゼやアミラーゼなどの酵素が多く、消化がきわめてよいところから、不老長生の妙薬とされ、古くから「山薬《さんやく》」とも呼ばれてきました。

髪がどんどんのびていくのよ
食がよいから。
ワッハッハッハ

◉生姜《しょうが》＝血行をよくし体を温める

『医心方』に「味は辛い。頭痛や鼻づまり、めまい、のぼせなどの主治薬で嘔吐をとめる。食べ続けると体臭を除いて、精神を安らかにする」とあります。ショウガの辛味成分の中心はジンゲロンで、血行をよくして内臓の働きを活発にし、体を温めるなどの発汗作用もあります。殺菌の作用もあり、握り鮨にはガリ（ショウガの甘酢漬け）が必ず添えられています。

◉蕪菁《かぶら》＝葉は緑黄野菜としてカロテン多し

「苦味があるが、五臓を丈夫にして、身の動きを軽くし、気を強くするのに効果がある」と『医心方』にあり、球根も葉も食用になり、しかも、栄養効果が高いところから、救荒作物（飢饉の時の救助作物）としても重視された野菜です。白い球型の根には消化酵素のアミラーゼなどが豊富に含まれており、胃の不調をととのえてくれます。葉は代表的な緑黄野菜で、カロテンやビタミンE、K、Cなどを含みます。平安時代の貴族たちによく食べられていた葉物野菜で、健康管理には欠かせませんでした。

◉大根＝生大根は胃を丈夫にする

『医心方』は、「味は、辛くて甘い。気を下し、穀物の消化をよくし、咳や痰を除くのに効果がある。食べ続けると長寿によい。生大根を突いてしぼった汁は、消化不良を治すのに用いるが、大変に効果がある。その若葉もおいしく、野菜の中では最上のものである」と大根を絶賛し、すすめています。大根の最大の特徴は、その卓越した消化作用にあります。米や雑穀、あるいはイモ類の炭水化物の消化を助けるジアスターゼやアミラーゼなどの酵素を豊富に含有しているのです。皮の部分には毛細血管を丈夫にする成分があり、脳卒中などの予防効果も期待されています。

◉牛蒡《ごぼう》＝通じをよくし腸を元気にする

「視力をつけて内臓の働きをよくし、元気をつける。中風や顔面のむくみ、口中の渇きによい」と『医心方』にあります。ゴボウの長寿作用といったら、何といっても食物繊維。食物繊維には水溶性と不溶性がありますが、ゴボウには、この両方の成分がしっかり含まれているのです。水溶性はイヌリンで、腸内善玉菌の大好物であり、免疫力を高める上で役に立ちます。不溶性の方はセルロースとリグニンで、腸の内に溜まった不純物や発ガン物質などを、からめ取り、大きくふくらんで輩出を促す働きをしているために、便秘の予防に効果的。ゴボウにはクロロゲン酸という抗酸化成分も多く、体細胞の若さを保つ上でも効果があり、立派な長寿食です。

◉葫《にんにく》（大蒜とも書く）＝滋養強壮作用の宝庫なり

強い匂い成分のアリシンには抗菌、殺菌作用が強く、天然の〝抗生物質〟と称されるほどです。血液をサラサラにするという点でも、アリシンは脚光を浴びています。王朝びとたちは、生のニンニクを風邪の治療薬にしていました。強精作用のスコルジニンという成分も含まれ、『医心方』にも「風邪の毒気を消す」とあり、その食法については、「ニンニクを和え物にしたり、魚や鳥獣の肉に合わせて食べると、爽快な味がする」とあり、日常的によく用いられています。

◉昆布＝老いを養うパワー強し

『医心方』に「しこりやはれものなどに効果がある。生のままでこれを食すると健康によい」とあり、「しこり」はガンとみられています。お正月やお祝いの料理に必ず登場するのが昆布料理。「こんぶ」という呼び名が「喜ぶ」に通じるためですが、「養老昆布」と書く場合もあります。昆布を水につけると、表面にヌルヌルした物質が発生しますが、アルギン酸やフコイダンという健康によい食物繊維の一種。また、骨の材料となるカルシウムと、骨が衰えるのを防ぐビタミンKが含まれている点でも注目されます。肌のシワやシミは老化の始まりですが、それを防ぐビタミンCやE。カロテンなどもたっぷり。まさに、昆布は極めて縁起のよい「養老昆布」なのです。

◉鮭《さけ》＝若返りに役立つ赤い肉

『医心方』に「腹の調子をととのえ、気力を増すのに効果がある」と出ています。肉質の赤さが他の魚とは違った、神聖でめでたい長寿を呼ぶ魚と考えられていました。赤い色素はアスタキサンチンという抗酸化成分で、ガンや心臓病、老化の原因となる活性酸素を消去する力が大変に強いことで知られています。生涯現役で長生きする上で、心強い味方といってよいでしょう。サケの脂質には、物忘れを防ぐ成分や血液のサラサラ作用の強い成分も含まれている点にも重視すべきです。

◉鯖《さば》＝筋肉の若さを保つ成分がたっぷり

高齢者に不足しがちな筋肉を作るタンパク質や脳の老化を防ぐ脂質、ビタミン、ミネラルなどがたっぷり含まれています。骨を丈夫にし、免疫力強化の成分であるビタミンDも含まれています。『医心方』には、「内臓の栄養を補給して、顔色をよくする」とあります。

◉牛乳《うしのち》＝一〇〇年もつ骨を支えるパワー

『医心方』は「栄養が不足して、やせ疲れた者を補う」とあり、牛乳を飲む時には「一、二度沸騰させ、火をとめて冷めたくして、これを啜りながら飲むとよい」とあります。カルシウムの量が多く、骨や歯を丈夫にするだけではなく、イライラをやわらげ、心臓の機能を安定させるなどの働きをしています。アミノ酸バランスのよいタンパク質も含まれています。

◉酥《そ》（蘇）＝王朝才女たちの高価なチーズケーキ

牛乳を煮つめて作った平安時代のチーズケーキといってよいでしょう。実際に作ってみると、甘味が強く、ねっとりと濃厚で味がそっくりなのです。いずれにしろ、高タンパク、高脂肪、高ビタミン、高ミネラルの美味なケーキであり、不老長寿をもたらすサプリメントのような乳製品といってよいでしょう。『医心方』には、「五臓の気を強くする」とあり、当時でも高価だったようです。

◉鴨《かも》＝不老長寿をもたらす胸肉食うべし

鶏や鴨などの胸肉には、長寿に欠かせない抗酸化成分のカルノシンが多く、老化促進物質の活性酸素の害を防ぎます。脳、細胞の酸化を防ぐ働きもしており、生涯現役力を強化するためにも欠かせません。皮つきの胸肉には、コラーゲンもしっかり含まれています。コラーゲンは細胞や組織をつなぎ合わせる接着剤の役割をしており、不足すると肌にたるみやくすみが生じ、みずみずしさも失われ、老化も進んでしまいます。コラーゲンは、タンパク質と共に、若返りには欠かせません。『医心方』も鴨の肉をすすめ「内臓を丈夫にして、気力を増し、食物をよく消化する」とあります。平安時代の上流階級の人たちは、よく鳥類の肉を好み、鴨の他にも、キジやヒバリ、山バト、ヒヨドリなど料理を食膳にのせています。

◉覆盆子《いちご》＝風邪を防ぐビタミンC

『枕草子』の「あてなるもの（上品なもの）」の中に、「いちご」が出てきますが、野生のものと思われます。甘くて食べやすいイチゴですが、ビタミンCがたっぷり。免疫力を高めて、風邪やがんを予防します。コラーゲンの生成にも不可欠で、美肌効果もあります。『医心方』には、「美味で香りがよい。気力を増し、内臓の働きを強くするから、これを常食していると、ついには仙人になれる」とあります。

第九章

「紫式部ごはん」は、私たちに何を教えてくれている？

鼎談

食文化史研究家
日本人の長寿食研究家
永山久夫

早稲田大学ナノ・ライフ創新研究機構
ヘルスフード科学部門部門長
矢澤一良

早稲田大学ナノ・ライフ創新研究機構
ヘルスフード科学部門研究院講師
高見澤菜穂子

才女たちの活躍を支えた「平安時代の天才食」

矢澤：『紫式部ごはんで若返る』の原稿を、大変興味深く読ませていただきました。「平安時代の食」はまさに温故知新、現代の食生活に足りないものを感じました。

永山：私は歴史を調べて、昔の人の食生活や食べ方などを研究していますが、古代から江戸時代までの中で特に「平安時代の食」は現代人に役立つと思っているのです。

高見澤：私が原稿で一番印象に残ったのは、紫式部と清少納言、女性たちの活躍です。一〇〇〇年以上も前に自分の得意を仕事として、子供を養い、後世に残る作品を手掛けたのはすごいと思います。

永山：彼女たちの素晴らしさは、脳のアウトプット能力です。紫式部と清少納言、彼女たちは若いころからよく勉強していますから、非常にたくさんの情報がインプットされている。いくら書いても、頭の中がスッカラカンにならない。当時は今と違って、筆と紙しかありません。それだけを使って、自分の考え、四季の風景などを短いセンテンスで表現しますから、言葉の選択が必要です。一語一語を真剣に選択する。だから、非常に完成度の

高い随筆や小説になる。彼女たちの能力と才能は、本当にすごい。現代人より、ずっと集中力が高かったんじゃないですか。

矢澤：最近よく使われる言葉に「フェムケア」というものがあります。女性がこれまで我慢してきたことを我慢しないで「よりよい生活」「よりよい体調」を維持しようというのが、社会的な大きな流れになっているんです。ここには「食」や「医療」も含まれます。平安時代に、現代の最先端が自然になされていたことに驚きがあります。

永山：本能的にやっていたんですよね。

矢澤：紫式部や清少納言は貴族的な環境もあったかもしれないですが、何かに我慢することなく自分の能力を自由に引き出していた、ということになるんでしょうか。

永山：彼女たちが才能を発揮できたひとつに、「食の選択」があると思うんです。そこには「選択」と「伝統」という二つの部分があります。

平安時代は子供のころから伝統的な食べ物を食べるわけですよね。成人するに従って自分の好みが入ってくる。食事には必ずご飯があって、普段はやわらかく炊いた「姫飯《ひめいひ》」です。その周りに四種類の調味料が添えられます。醤《ひしお》、酢、塩、酒か色利《いろり》の四種類です。必ず摂るのが大豆発酵食品の醤、もうひとつはカツオの色利です。カツオの色利というのは、乾燥したかちんかちんのカツオを、削って煮出したものです。

矢澤：鰹節や削り節のようなものですか？

永山：そうです。それを煮出した色利を毎日必ず食べるのです。醤は大豆が主成分ですから、レシチンとか記憶力を良くするには欠かせない成分が毎日摂れます。それとカツオ類のオメガ3ですね。つまり、今盛んに注目されている情報化時代に必要な成分を、一〇〇〇年前の人たちが本能的に摂っていたということです。

矢澤：栄養学や科学のない時代に、脳力を引き出すような合理的な食の選択がどうしてできたのか、不思議です。

永山：平安時代には『医心方《いしんほう》』という医術書があります。これは今でも有名ですけれども、この本に食べ物の摂り方が詳しく書いてあるんですよ、「豆を食べると記憶力が良くなる」とか。もちろん、ビタミンとかミネラルといった成分は当然、書かれていませんが、その記述はほとんどが現代と同じなんです。

矢澤：それは素晴らしいですね。作者はどういう人なのでしょうか？

永山：丹波康頼《たんばのやすより》という鍼灸博士で平安時代の医師です。

『医心方』は貴族の座右の書みたいなものですから、かなり普及していたと考えられます。

ですから、平安時代の人々にも食を選択する知識はあったと思いますね。

高見澤：永山先生は「紫式部はイワシ好き」だとお書きになっておられます。貴族はイワシの生臭いニオイがダメで嫌いな人が多かったんですよね？　けれど、イワシ好きの紫式部はDHA、EPAなどをふんだんに摂っていた。夫に隠れて食べていたくらいですから。

永山：平安貴族は生臭いものを嫌いましたから、イワシは最も嫌われた魚なんです。イワシを台所に置くのさえイヤなんですよ。なるべく離したところに置いていた。だけど、「イワシを食べたら元気が出た」「記憶力がよくなった」、そういう経験もあったと思うんです。紫式部は「イワシを食べると健康にいい」ということを自分の経験から本能的に理解していて、それをずっと続けたんだと思いますね。

高見澤：文筆家である紫式部がイワシ好きだったのは偶然なのかもしれませんが、栄養的に見ても本当に素晴らしい選択肢だと思います。

永山：『源氏物語』のような大長編を書くということは、膨大な情報をインプットしながらアウトプットする大変な作業です。記憶力を頼りに書く能力が非常に優れていたということは、才能だけではできない。きっと食べ物からサポートされていたと思うのです。

矢澤：紫式部にはもともと才能も能力もあった。だけど、「食」のサポートがあったからこそ、もともと持っていた才能も能力も最大限に発揮できたということなんでしょうね。

永山：科学的知識があれば、オメガ3が「脳の老化を防ぐのに役立つ」「血液の循環をよくする」ということがわかります。そのような知識のなかった当時、紫式部はオメガ3が多く含まれるイワシを本能的に選択していたわけです。

平安時代は日本人の食文化の原点

矢澤：永山先生の原稿を読むと、肉や魚、旬のものなど食のバリエーションが豊富で、今とあまり変わらない印象も受けます。永山先生は古代から現代までの食文化研究をされていますが、平安時代は日本人の食文化の原点となっているのでしょうか？

永山：そんな感じがしますよね。日本の食文化の歴史のなかで、上手に食べていたのは平安時代だと思います。そして、平安時代には突出した女性作家や詩人が誕生している。この関連は、非常に面白い極みなのです。

矢澤：温故知新、「故《ふる》きを温《たず》ねて新しきを知る」という言葉がありますが、平安時代の食文化を知ることは現代にも役立ちます。私たち日本人は、「食」も含めてどう生きれば幸せになれるのか、考えるタイミングにきています。

永山：今の日本は人口がどんどん減って、まさに正念場です。将来の見通しがつかないときには、「歴史に学べ」とよく言われます。

矢澤：先生の原稿から、二つの提案を受け取ったと思っています。一つめは「女性の活躍の場をもっと広げよう」ということ。そういう時代があった、ということですね。もうひとつは、「高齢者でも活躍できる」というエールです。

永山：まさにそのとおり！　私は「老人は弱い」というイメージを払拭したいんですよ。

矢澤：「長生き文化の担い手は元気な老人」と、先生はいつもおっしゃっていますね。

永山：そうなんです。原稿にも書きましたけれど、平安時代に尾張浜主《おわりのはまぬし》という人がいました。この人は踊り専門の役人ですけれども、一一四歳で天皇の前で踊っているんです。若い踊り手もいたのに、どうして一一四歳の尾張浜主が選ばれたのか。この人は常に研究とトレーニングを欠かしません。だから、一〇〇歳になっても、一一四歳になっても、お声がかかればすぐに踊れるんです。今の時代は、尾張浜主のような生き方が参考になると思う。何歳になってもその人なりの社会的な役割が発見できると思うんです。そうすれば、歳をとるのも楽しくなる。

矢澤：「高齢者だから仕方ない」ではなくて、「高齢者だから持っている資質がある」とプラスに考えればいいんですね。高齢者にはいろいろな経験や知識がある。それなのに、その経験や知識を生かせないのはすごくもったいない。私は高齢者が資質を発揮できる「場」が必要だと考えているんです。

永山：それはいいですね。力を合わせて、少しずつ軌道修正していく必要があります。九〇歳になっても自分で収

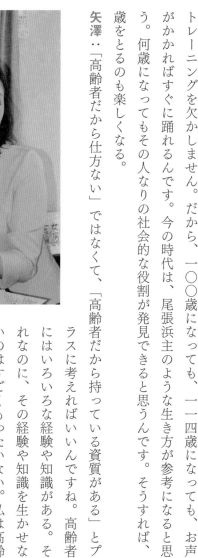

入を得られる能力つける、そのためには歳をとっても頭を衰えさせず活性化させておかないと。私は九一歳なりましたけれど、本当に忙しくなったのは八五歳を過ぎてからなんですよ。まさに、「尾張浜主に学べ」です。せっかく長生きできる時代に生きているんだから、一〇〇歳になっても現役を続けたいと思います。

健康長寿に欠かせない「賢い食の選択」

矢澤：現代は「食」が単純になりつつあります。手近な食材の限られた栄養素しか摂っていないことが多いように見えます。これは、健康長寿を考える上で問題だと思っています。

永山：ふだんの食事に占める加工食品の割合は、高くなっています。コンビニで買ってきたり、お湯を入れたり解凍したりして、調理せずに簡単に食べられる食品が多いじゃないですか。こういうものだけを食べて、健康で長生きしようとするのはちょっと無理があると思いますね。

矢澤：それればかりではダメですよね。日本人の普段の食事は洋食が増えています。だけど、日本食の食材の多さは世界からかなり評価されているんです。日本の食文化には健康長寿のための「賢い食の選択」がもともとあるということですね。

永山：そうです！　そのとおりです。

高見澤：先生の原稿に登場する平安の王朝人は、食のチョイスが賢いと思います。これは、現代でも大変に参考になります。たとえば、コンビニで食事を買う場合も、パンだけとかおにぎりだけとか、安くて簡単に食べられて、すぐおなかいっぱいになるものばかりを選ぶのではなく、チョイスする能力があるといいと思います。サラダや納豆、豆腐なども売ってますから、あわせて食べるようにするといいですね。

矢澤：豆腐や納豆という話が出ましたが、平安食には大豆のレシチン、オメガ3の魚のDHA、EPAなどが多い。こういうものを平安王朝の人たちは、日常的に食べていたということです。健康であるという意味は、「体の健康」だけじゃない。「脳の健康」「心の健康」も含まれます。「心の健康」があってはじめて、人とコミュニケーションがとれる。

永山：そうです。「心の健康」は重要です。今の日本はストレスが多くイライラした人が多い。その背景にはやっぱり、食べ物があるんじゃないでしょうか。食事は毎日のこと、健康に対して非常に影響がありますよ。

高見澤：それに現代人は忙しいですから、「ちょっと今日はだるいけれど、まあいいか」

と自分の調子が悪くても放置しがちです。それで、あとで寝込んじゃったりする。平安時代の人たちを見習って、自分の体調で食事の内容を変えたほうがいいですね。

永山：自分の体調がわかるのは自分です。「今日は気分がすぐれないから、魚を食べてみよう」とか、平安時代は自分で選択していました。

高見澤：そのチョイスするということがなかなか難しいと思うんです。ある程度の知識がないと、今日は疲れているから何を食べよう」ということが選べませんから。ですから、管理栄養士の役割もちょっと変わってきていると思っています。「お腹を満たす」から「食をチョイスする」ための情報が必要です。

永山：自分の命は自分しか守れないと、ぜひ自覚してほしいと思います。そうすれば、「何を食べればいいか？」ということを学びたくなるはずです。今はいろいろな情報を入手できる。自分なりの健康学を構築してもいいだろうし、そういう時代ですよね。

おやつは平安時代のコミュニケーションツール

高見澤：先生の原稿の中でもうひとつ面白いと思ったのは、おやつの話です。平安朝の人たちは、おやつを楽しんでいますね。清少納言のお話で、「果物やお餅などを皆にあげて大変に仲よくなる」エピソードがあります。今でもお菓子が仲良くなるきっかけになることがあります。ちょっと小腹がすいたときにおやつを食べるというのも、今とすごく近い感覚があります。

永山：平安時代のお菓子文化は非常に発達していました。現代のおやつですね。食事は、朝夕二回食で頭を使うとエネルギーを消耗しますから、食事と食事の間に空腹になる。そのときに食べるのは、ほとんどの場合が揚げ物や果物です。

矢澤：揚げ物というと、どのようなものなんですか？

永山：揚げ物というのは粉ものを練って味をつけて、いろいろな美しい形につくったお菓子です。揚げ菓子に使う油というのはゴマ油かエゴマ油、エゴマ油は必ず使っているんです。オメガ3ですよ。

高見澤：エゴマ油に多く含まれているオメガ3脂肪酸というと、α《アルファ》―リノレン酸ですね。α―リノレン酸はヒトの体内で合成することができない必須脂肪酸で、アマニ油にも多く含まれています。α―リノレン酸の一部は体内でDHA、EPAに変換されますから、頭を使う方のおやつとしては良く考えられていますね。ただ、α―リノレン酸は酸化されやすいので、現代版おやつでは、加熱調理には使わずに、食前にかけるのがおススメです。

永山：実は、お菓子からエネルギーや栄養だけを摂っていたわけじゃない。お菓子の形にもいろいろな意味があるんです。情報のやりとりにもなっていたというのが、大変面白い。

矢澤：今でも女性の発信力はものすごく強いです。「面白い体験をした」「おいしいもの食べた」とか、女性の口コミからブームになることが多いですよね。

永山：そうそう。今も昔も女性は発信力が強いんですよ。食べ物というのは好みがありますから、「おいしい」と思うと、「こんなの食べて感動したよ」としゃべりたくなる。それをみんなが読んだり聞いたりして、コミュニケーションになります。おやつ交流の第一期が平安時代、第二期が江戸時代、今は第三期くらいです。つまり、おやつが流行したあというのは、必ず情報化時代がくるんですよ。

矢澤：今はインスタグラムなど写真で伝えることもありますね。平安時代は文筆で発信して伝わったんですから、素晴らしいですよね。

永山：現代は、感情の劣化があるんじゃないかと思うんですよ。おやつを食べてその美味に感動して、誰かにしゃべったり書いたりする。そういうことが続くと、感情が豊かになって、楽しくなるんじゃないでしょうか。

矢澤：おやつがひとつのコミュニケーションツールなわけですね。よい人間関係ができて、ストレス軽減にもつながりそうです。

永山：それも当然ありますけれども、いろいろな新しい味の情報が入ってくると脳の活動も活発になり、脳も活性化されて老化しないと思うんですよ。

矢澤：『紫式部ごはん』の登場人物たちは、みんな脳を使っていますね。頭と心と体にいい食材を、ちゃんとチョイスして食べている。この二つの条件が重なって、歴史に残る『源氏物語』や『枕草子』なども出てきたということですね。

永山：まさにそうなんですよ。

「胡豆魚鳥蒜根《ごまさかとりにこん》」が若返り食のキーワード

永山：どういう食べ方が健康長寿のためにベストなのか？　私はこのことを研究して、本やテレビ、講演などでお伝えしています。日本には資源もほとんどない、産業だって出遅れている。たったひとつの救いが、日本人の世界トップレベルの長寿力です。ですから「食と長寿」の関係を発信できるのは、日本が最適なのじゃないかと思うんですよ。

矢澤：海のもの、山のもの、天然のものなど、日本には豊かな食材がたくさんある。
永山：これほど多様性のある食べ物を、今は完全には活用していないのが大変残念です。
矢澤：毎日の食事に、豊かな食材を使うのが理想ですよね。
永山：最近の週刊誌などを見ていると、「八〇歳になっても老化しない方法」とか、「何を食べれば長生きできるか」とか、健康寿命を伸ばす情報が多いですよね。私から言わせると、ちょっと待てよと。新しい情報を知る前に、もっと歴史を知ってほしいと言いたい。「そのとき家康はどうしたのか？」というようなことを、歴史から学んで生かすことがありますよね？　これは、食べ物でも同じなんです。
矢澤：歴史を紐解いて研究して、それを現代に生かすという意味ですね。
永山：そうです。私は昭和一桁生まれですけれども、村には病院がなくて、病人が出るとリヤカーに布団を敷いて、その上に病人を寝かせて病院のある町まで連れて行くんですよ。そういう環境で生きていると、人は何を考えると思いますか？　「食べ物を上手に食べて病気に強い体にしよう」ということです。平安時代もまったく同じだと思うんですよ。「何を食べれば長生きできるか？」「何を食べれば病気に勝てるか？」「何を食べれば頭がよくなるか?」を知るためには、これまでの人たちの食習慣や食文化、その食材を正確に認識することが欠かせません。私の専門とする民俗学というのは、そういうことを研究する学問なんです。

矢澤：先生は長年にわたり多角的に研究をされていますから「長寿食の生き字引き」みたいだと私は思っているんです。『紫式部ごはん』には、女性たちの美しさについても書かれています。平安時代には、女性が若さと美しさを保つ食事法があったのでしょうか?

永山：まさに、「平安王朝のときの若返り食」というものがあります。「胡《ご》豆《ま》魚《さか》鳥《とり》蒜《に》根《こん》」です。

矢澤：先生が作られたキーワードですね！　一番最初の「胡《ご》」はゴマですね。

永山：ゴマにはセサミンやビタミンE、ビタミンB_1、カルシウム、食物繊維が多い。

矢澤：セサミンやビタミンEは脳や体の細胞の酸化を防ぎますし、カルシウムはイライラを防ぐのに役立ちます。次は豆ですね。

永山：大豆です。脳の老化を防ぎ、体に元気をつけます。

矢澤：大豆はタンパク源ですね。コリンとして神経伝達になるので、脳の機能改善に役立ちます。さらに、大豆レシチンのレシチンそのものは肝機能も改善するんですね。コレステロールを少し下げるというようなデータもあるわけです。

永山：そうですね。

矢澤：それから「さかな」は魚。魚は私がずっと研究してきたことなので、声を大にして言いたいんですが、ＤＨＡのドコサヘキサエン酸が脳の伝達をよくし、認知症予備軍の改善についてのデータがたくさん出ているんです。脳機能を改善するという機能性表示にもなっているくらいです。もうひとつはＥＰＡですよね、エイコサペンタエン酸。これは血液の流れをよくするということです。血液サラサラといわれますが、特にイワシにはＥＰＡが多い。

永山：紫式部はイワシが大好物で、丸干しをこんがり焼いて頭から食べています。すべての栄養素、細胞に栄養素をもたらす循環が血液ですから、血液の流れをよくするのは生命現象を維持するうえでも、非常に大事なことだろうと思います。特に寒いとき、血行がよくなると当然、体が温まります。イワシが大好物な紫式部の食べ方というのは、現代的に考えても適切な食の選択をしているんですよ。

矢澤：次は鳥。これは動物性のタンパク質ですね。

永山：当時は鳥をまるごと食べてしまうわけですから、脂肪やカルノシンなどの抗酸化成分まで全部摂れます。老化というのはざっくり申し上げると細胞の酸化です。酸化を防ぐためには何を食べればいいのか。これが老化防止の基本中の基本。簡単に言うと、体をサビさせないということです。

高見澤：動物性タンパク質は強固なカラダづくりには欠かせませんね。特に鶏肉には、イミダゾールジペプチドという成分が含まれていて、持久力（スタミナ）アップが期待できます。

矢澤：「に」はニンニク。ニンニクは魔除けにも使うんですか？

永山：江戸時代までは軒下にぶら下げていた。ニオイで悪霊も逃げ出すということでしょう。

矢澤：ニオイはありますが、ニンニクにはビタミンB群なども多く含まれています。免疫力を上げるという意味でも、平安時代の人たちもニンニクを食べていたということですね。

永山：悪霊も逃げ出すくらいだから、これを食べると病気も逃げ出す。

矢澤：それはアリシンですよね。

永山：擦《す》るとアリシンが出てくるわけでしょ。アリシンは、免疫力を強くする。血液の循環をよくするし、テストステロンを増やすし、体力を増強するという、いいことばっかりじゃないですか。私なんかは疲れているときには、チーズにニンニク醤油をつけて食べていますよ。朝から食べるときもあります。多少ニンニク臭さがありますけど（笑）。

矢澤：「胡豆魚鳥蒜根《ごまさかとりにこん》」の最後の「根《こん》」は大根です。

永山：平安食では、大根をよく食べていますからね。大根にはジアスターゼという消化酵素の成分が含まれています。生でかじったりもするんですよ。一口大に切って味噌をつけて食べたりしていました。煮ることもありましたが、ほとんどの場合は生で食べていました。

矢澤：私も大根はよく食べます。とんかつに大根おろしをたっぷりのせて食べるのは大好きですよ。

永山：当時は大根おろし器がなくてすり鉢だけですから、擦るのは大変です。大根を生で食べることは現代にも続いている。けれど、残念ながら少なくなってきたように感じます。「大根おろしに医者いらず」という格言もあるくらいですから、私なんかは大根おろしを日ごろから食べていると、まずあんまり病気をしないですよ。やっぱり温故知新じゃないけれど歴史の中に本当に役に立つ知恵がある、「歴史の知恵に学べ」ということです。

矢澤：「胡豆魚鳥蒜根《ごまさかとりにこん》」について伺ってきましたが、平安食では健康成分のある食材を、いろいろ選んで日ごろから食べていたということですね。

永山：そうです。昔のほうが、食材がわかりやすかったとは思うんですよね。今は加工食品が多いですから、表示を見てもビタミン添加とかミネラル添加とかいろいろ書いてあってちょっとわかりづらい。食材や食べ方を自分で学ばないと、本当の長生きが難しい時代になっているのではないかと思います。

矢澤：本当にそのとおりですね。

高見澤：平安時代の女性たちは髪の毛が長くツヤツヤに見えます。髪の美しさは美女の条件だったのでしょうか？

永山：そうです。

矢澤：平安王朝の女性たちは、髪を美しくする食材を選んで食べていたということですね。

永山：必ず気にして食べていました。歳を取ってシワが増えたり白髪になったり、老化には個人差があります。これは今も昔も変わりません。平安時代の人たちも、「あの人は黒髪なのに、私に白髪が多いのはなんでだろう?」「あの人に比べて私の髪にツヤがないのはなんでだろう?」「食べ物が足りないのではないか?」と、いろいろ考えたんじゃないかと思っているんです。

女性の長い髪を手入れするのも大変だったんですよ。当時、何で手入れしていたと思いますか?

高見澤:なんだろう……。ツバキ油ですか?

永山:朝、髪を「ユスル」で洗うんですよ。「ユスル」というのは米のとぎ汁です。それともうひとつは、大豆の煮汁、サポニンです。これは、脂っぽいものを取って、髪にタンパク質を与えることできますから。

矢澤:なるほど、サポニンは撥水性があります。平安時代の人たちがそういうことを知っていたということに驚きます。

永山:何が入っていたかは知らなくても、経験で知っていたということでしょう。

矢澤:科学や栄養学がない時代に、健康成分のある食材を適切にチョイスしているのは、あらためてすごいと感じます。

新時代を生き抜くヒントは「平安王朝の健脳食」にあり

矢澤：現代社会はストレスが多いという話がありました。このストレスを「予防する」「改善する」食習慣が大事だと思うんです。ストレスに負けない食材を私たち研究者は「ブレインフード」、さらに「ムードフード」と言っています。ムードとは、情緒をコントロールできるという意味です。今の時代、積極的にこういう物を食べましょうということを提唱しているんです。

永山：そういう意味で言うと、平安時代の王朝人たちがのんびりして、あまりイライラしなかったのは、姫飯を食べていたからでしょう。これに含まれているのはギャバが多い。ガンマ・アミノ酪酸です。ギャバはストレスを防ぐ、心をやすらかにするうえで大切な成分です。姫飯は五分づき七、八分つきという、玄米の胚芽が残っている米です。人の手でつくわけですから、完全な白米じゃないんですよね。ごはんは朝早く炊きますから、前の晩に水に浸して一晩おきます。すると、米が水の中で発芽しようとしますから、胚芽のギャバ、ガンマ・アミノ酪酸が出てきますからね。

矢澤：ギャバも「ムードフード」のひとつです。

高見澤：ギャバは玄米に多いですね。

永山：完全精白米など贅沢なものを食べていた貴族の人たちは、脚気にもなっています。

矢澤：ビタミンBが足りないわけですね。現代はあまりにも精製しすぎだと思います。体によくない。塩もそうです。海水はミネラルが多くて体にいいはずなんです。でも精製した塩は血圧が高くなってしまうということもあります。砂糖も黒砂糖はいいけれど、白糖はどうかというのもある。パンも精製した小麦粉でデンプンになってしまうと、ちょっと血糖値が上がりやすいということがあります。平安時代は精製技術があまりなかったことが、食の健康効果を高めているというパラドックスになっています。

永山：完全精製は昭和三〇年ころからですから、最近といえば最近ですよね。つまり基本的に、精製しすぎたものを昔の人は食べていなかったということです。平安食では主食のごはんにギャバが含まれていたり、これに味噌を必ずつけて食べていた。味噌にはメラノイジンが非常に高い。

矢澤：メラノイジンは抗酸化作用がありますね。

永山：こういう食べ方が、健康寿命を伸ばすのに役立つと思うんですよ。先ほどお話しし

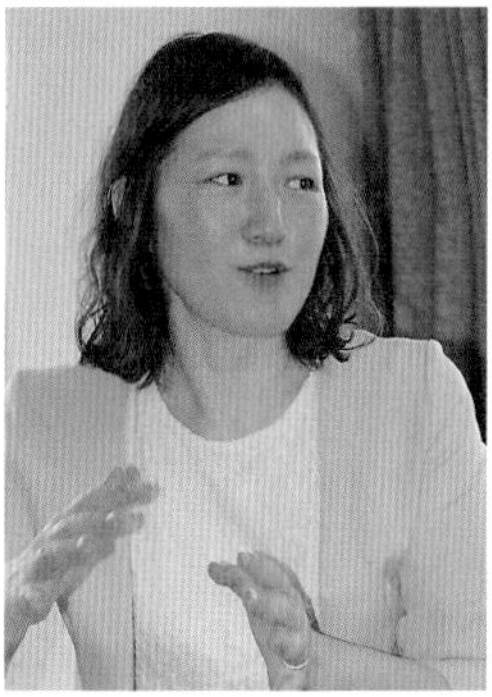

た「胡豆《ごま》魚鳥《さかとり》蒜根《にこん》」でもわかるのですが、豆とか魚とか鳥にはチロシンとかレシチン、トリプトファンも含まれています。特に注目してほしいのは、カツオの色利です。必須アミノ酸のトリプトファンを最も多く含んでいるのは、あらゆる食材の中で鰹節なんですね。このトリプトファンはセロトニンが脳内で作られるときの材料となります。つまり、色利を毎日必ず食べるということは、セロトニンの材料を毎日たくさん摂るということなのです。そうすると夜もぐっすり眠れると思います。こういう食生活が心と体の管理にも役に立ち、才能の開発をサポートするわけですね。

矢澤：才能を引き出すために、平安食ではそういう食材を摂っていたということですね。

永山：そうです。夜はぐっすり眠って疲労を回復していたでしょう。紫式部や清少納言はいつもストーリーを考えているわけですから、夢もたくさん見たはずですよ。夢が、創作のサジェスチョンになるんですよね。展開のヒントが得られるかもしれない。きっと、楽しい生活だったんじゃないかと感じます。

矢澤：精神的な疲労を改善するのは、睡眠だと思うんですね。「質の高いノンレム睡眠」

をリズムよくとることが大事だと言われる時代になっています。トリプトファンはバナナにも含まれていますね。削り節やカツオ節を食べる機会が少なければ、バナナを食べてもいい。

高見澤：『紫式部ごはんで若返る』には、絶世の美女と言われた小野小町も登場しました。持って生まれた容姿に加えて、「どうしてもそれを維持したい」という気合いのようなものを感じました。熊の掌《てのひら》とか豚足などを食べていますよね？　女性の食事としてはワイルドだと思いますが、熊の掌とか豚足などにはコラーゲンも含まれています。

永山：小野小町は、ぜいたく三昧な美容料理を食べていたようです。熊の掌は柔らかく煮て食べていましたが、超高価な究極の美容食といっていいですね。熊の掌のほかにも、ウナギ、コイなどコラーゲンの多い食材を献立に並べていました。それから平安時代の美人の特徴は、筋肉美人だったと思われることです。なぜかと言うと、十二単《じゅうにひとえ》というのはすごく重いんです。これを着て歩くわけだから、自然と筋肉がつきますよ。

十二単が着れなくなると、宮仕えできませんからね。ですから、アミノ酸を摂らないといけないんです。筋肉をつけるアミノ酸は、魚とか鳥を食べないと、植物性たんぱく質だけでは難しいと思うんですよ。

矢澤：当時の動物性タンパク質というのは鳥が一番多かったんですか？

永山：平安貴族たちは、よく鷹狩りに行っています。山鳥のスープはおいしいんです。私は一週間に一度、鳥の胸肉と大根、人参、ゴボウなどを入れたスープを作ってます。これを食べると、今年九一歳の私でも肌がテカテカになりますよ。

高見澤：そういうスープはタンパク質、ビタミン、ミネラル、食物繊維が摂れるので、健康にも美容にもいいですね。野菜は生だとたくさん食べられませんが、よく煮込んでスープにするとたくさん食べられるのもいいですね。

永山：昔の料理は基本的に十分煮込みます。食中毒が怖いですからね。ですから今の健康スープと似ているのではないでしょうか。昔は土から引っこ抜いたような野菜を食べていたわけですが、今はそれはなかなか難しいかもしれません。けれど、そういう自然の滋味あふれた食材をもっと食べたい、人間らしい質の高い生活をしたいと思考する人が増えているように思います。

矢澤：そうですね。

永山：これからは何が起こるかわからない時代です。サバイバル時代になってくるだろうと思うのです。地球のパニック期に直面しているのではないかと。日本もその例外ではな

い。異常気象が、異常じゃなくなってしまう可能性だってある。これから何をどう食べて、どういうふうに生きていくべきなのか？　その大きなヒントは「平安食」にあるんじゃないかと私は感じているのです。

矢澤：そうですね。先生は健脳食についても研究をされておられますが、頭にいい「上手な食べ方」のお話もありました。これからの時代は想像力がすごく求められている。日本でもそうです。想像力については、「食の選択」によっても違うんじゃないかと私は思うんです。

永山：私は「食べ物によってベストと思える人間になれる」と考えています。いい食事というのは、想像して食べるものだと思います。「これを食べたら、自分の未来がどうなるのか？」そんなイメージができるような食事です。自分で食をチョイスして、自分が理想的だと思う料理を作って食べる。「なりたい自分」を想像しながら作ったり食べる。こうしていると、「これを食べればもっと聡明になる」とか「創作能力が高くなる」とか、イメージがどんどん膨らんでくると思いますよ。

矢澤・高見澤：その通りですね（笑）。

永山：私も九一歳になりましたが、頭を衰えさせず活性化して、仕事を続けていきたいと考えています。上手な食生活で、みなさん長生きして幸せになりましょう。

矢澤：この本の真髄は、まさにそこにあると思います。

あとがき

加齢の進行には、逆らえません。

誰の体にも、平等に、日々刻々と襲ってきます。ところが、老化のスピードは、人によって違うのです。

同じ歳なのに、驚くほど若い人もいれば、気の毒なほど老け込んでしまった人もいます。老化の速い、遅いを決めるのは、毎日、体に取り込む食べ物の栄養成分次第なのです。食べ物の選択によって、体の元気を維持できるということを、王朝の才女たちは熟知していました。

彼女たちに愛読されていた『医心方《いしんぽう》』にも、「穀類、畜肉類、果物類、野菜類は、これを用いて飢えを満たす時には、これを食べ物というが、これを用いて病気の治療をする時には、これを薬という」とあります。まさに現代にも通用する「医食同源」であり、王朝才女たちの基本的な健康法といっていいでしょう。

このような〝食べ物健康法〟を、平安の才女や美女と同じように習慣づけると、スーパー

人生は短かい
だからしっかり
大食いして
脳の働きをよくし
長生きして
優れた作品を
残さなければ
ならないのです。
永山久夫

の食品コーナーは〝自然薬〟の山に感じられ、健康管理に自信が湧いてきます。

野菜や果物、穀物、肉、魚などをセレクトする視線に力がつき、免疫力の強化に役に立つ。常に選んで、上手に食べていれば、病気もそう簡単には近寄って来ないでしょう。

新型コロナウイルス感染症の恐ろしさを経験した私たちは、前もって感染を防ぐ免疫力の強さを保つことの大切さを知りました。他の病気も同じで、現代のように優れた医薬品や病院のなかった平安時代の人々は、はるかに真剣に食べ物を選んでいました。ワクチンなどありませんから、自力で予防するしかありません。

特に女流作家や詩人たちは、人生の目標をしっかり身につけており、それを成し遂げるためには、病気にかからないで長生きできる〝健康力〟が何より大切なことを熟知して、食べていたのです。王朝の才女や美女たちが、表現力を磨き、創作と構成能力を豊かにするためには、長生きして経験を積むことの重要性を知っていました。ですから、長寿力の強化や効果の高い食べ物を、毎日、ニコニコしながら「おいしい、おいしい」とうなずきながら食べていたのです。

現代人も、薬や医療になるべく頼らないようにしながら、自力の長寿力を身につけるべきではないでしょうか。一〇〇〇年前の食による健康長寿法が、現代のみなさまのお役に立てば幸いです。

本書の刊行にあたり、多くのみなさまにお世話になりましたことを、ここに記し、深く御礼申し上げます。

令和五年（二〇二三年）一一月

食文化史研究家・日本人の長寿食研究家　永山久夫

主要参考文献

『奈良朝食生活の研究』関根真隆著　吉川弘文館　一九八九
『万葉びとの長寿食』永山久夫著　講談社　一九九五
『日本古代食事典』永山久夫著　東洋書林　一九九八
『倭名類聚抄（和名抄）』源順著　中田祝夫編　勉誠社　一九八七
『医心方・食養篇』丹波康頼撰　望月学訳　出版科学総合研究所　一九七六
『枕草子』清少納言著　松尾聰・永井和子校注訳　小学館　一九九二
『源氏物語』紫式部著　山岸徳平校注　岩波書店　一九八五
『合本源氏物語事典』池田亀鑑編　東京堂出版　一九八九
『源氏物語』（文芸カルチャー・ムック版）学習研究社　一九八八
『百人一首一〇〇人の生涯』（別冊歴史読本）新人物往来社　一九八六
『和泉式部日記・和泉式部集』野村精一校注　新潮社　一九八一
『和泉式部集全釈・続集篇』佐伯梅友・村上治・小松登美著　笠間書院　一九三四
『玉造小町子壮衰書（小野小町物語）』作者不詳　栃尾武校注　岩波書店　一九九四
『伊勢物語』作者不詳　石田穣二訳注　角川書店　一九八四
『日本の女性史』（「歴史と旅」臨時増刊号）秋田書店　一九七八
『日本女性史「人物」総覧』（「別冊歴史読本」）新人物往来社　一九九六
『小野小町の一生』和宗竜一著　県南民報社　一九八六
『おしゃれ気分で平安グルメ』永山久夫著　プラネット出版　一九八九
『歴史は「食」で作られる』永山久夫著　祥伝社　一九九九
『たべもの日本史』永山久夫著　河出書房新社　一九九八
『日本の野菜』青葉高著　八坂書房　一九九三
『和菓子の系譜』中村孝也著　淡交新社　一九六七
『和菓子ものがたり』中村圭子著　新人物往来社　一九九四
『紫式部とイワシ健康法』永山久夫著　新人物往来社　一九八四
『美女が長寿食を好む理由』永山久夫著　春陽堂書店　二〇二〇

※その他多くの文献、新聞、雑誌、インターネットなどの情報を参考にさせていただきました。
厚く御礼申し上げます。

紫式部《むらさきしきぶ》ごはんで若返《わかがえ》る

2023年12月28日　初版第1刷

著　者 ―――――――― 永山久夫《ながやまひさお》
発行者 ―――――――― 梅田佳夫
発行所 ―――――――― シード・プランニング
〒113-0034　東京都文京区湯島3-19-11
湯島ファーストビル4F
TEL/代表　03（3835）9211
https://www.seedplanning.co.jp

発売元 ―――――――― 現代書林
〒162-0053　東京都新宿区原町3-61 桂ビル
TEL/代表　03（3205）8384
振替　00140-7-42905
http://www.gendaishorin.co.jp/

ブックデザイン+DTP ――― ベルソグラフィック
イラスト ―――――――― 永山久夫

印刷・製本　㈱シナノパブリッシングプレス
乱丁・落丁本はお取り替え致します。
定価はカバーに
表示してあります。

ISBN978-4-7745-2001-8 C0047